8063. A.
H.

VOYAGE
PITTORESQUE
DES ENVIRONS
DE PARIS,
OU
DESCRIPTION
DES MAISONS ROYALES,
Châteaux & autres Lieux de Plaisance, situés à quinze lieues aux environs de cette Ville.

Par M. D***.

A PARIS,
Chez DE BURE l'aîné, Libraire, Quai des Augustins, du côté du Pont Saint Michel, à Saint Paul.

───────────

M. DCC. LV.
Avec Approbation & Privilége du Roi.

PRÉFACE.

CE n'est point un paradoxe, d'avancer que les plus beaux jardins de l'Europe sont ceux de France. On sait que le bel art qui apprend à les former, y prit naissance sous le régne de Louis XIV. Ce Prince trouvant dans le Nostre un génie capable d'exécuter ses grandes idées, l'envoya en Italie pour se perfectionner. Le voyage que le

a ij

Nostre y fit en 1678. lui fut cependant peu utile. La vûe des jardins de *Tivoli*, de *Frescati*, de *Colorno*, de *Sassuolo* & de *Pratolino*, qui passent pour les plus beaux d'Italie, échauffa foiblement l'imagination de ce grand homme. La plûpart de leurs fontaines ne sont que de petites grottes, ou des bassins ornés de figures qui jettent des filets d'eau. Il faut en excepter la Venerie appartenant au Roi de Sardaigne, qui a été plantée par un Architecte François dans le goût des jardins de Marly. Loin donc de trouver des modé-

PREFACE.

des en Italie, le Noſtre y en laiſſa qu'on ne peut trop étudier; tels ſont les deſſeins de la Vigne Pamphile, & ceux des jardins du Palais *Ludoviſi* à Rome.

L'Angleterre nous fournira-t-elle de plus beaux objets en ce genre? Le Palais de Saint James, ſéjour ordinaire de la famille Royale, reſſemble peu au Palais d'un Roi: ſon Parc eſt coupé en allées aſſez mal tenues, & accompagné d'une prairie partagée par un canal d'une fort vilaine eau. Kingſington, autre maiſon Royale, n'a ni figures, ni fontaines qui ſont l'ame des jardins, mais de hautes palissades, & beaucoup de lauriers en caisse taillés en pyramide. Les jardins de Hamptoncourt sont plus réguliers, mais très-peu décorés, & ont, excepté le Parc, fort peu d'étendue.

A l'égard des Parcs des Seigneurs, ils n'ont de remarquable que leur grandeur; des pelouses de gazon qui seroient plus magnifiques, si elles étoient moins multipliées, en font la principale beauté. On n'y voit que des canaux & des piéces plates, sans eaux jaillissantes. Les jardins de la maison de

Boughton, à vingt lieues de Londres, ne se distinguent que parce qu'ils n'ont rien du goût Anglois.

Si l'on va en Suéde, & dans les autres parties du Nord, on n'y verra rien qui puisse être seulement comparé à la magnificence de quelques-unes de nos maisons particulières; ce qui est aisé à vérifier sur les plans que nous en avons. La Favorite, & les jardins de l'Empereur sont totalement dénués de ce qui fait l'agrément des jardins. Ceux du Roi de Prusse, tels que Postdam & Monbijou, ne sont

a iiij

pas plus agréables. J'excepte les maisons de l'Electeur de Baviere, où il y a certainement des beautés. Nous avons vû le feu Czar Pierre I. attirer à sa Cour un * Architecte François, pour présider aux desseins de ses maisons de plaisance, qui n'ont cependant jamais eu leur pleine exécution, & sont présentement ruinées.

En Espagne, les Palais de *Buen-Retiro* & d'Aranjuez répondent-ils à la Majesté d'un Roi ? Celui de Saint Ildefonse, quoique renommé pour ses fontaines & ses

* Alexandre le Blond.

PREFACE. 9

jardins inventés par des François, est peu considérable.

Il me semble qu'après cet examen, il y auroit de l'injustice à ne pas accorder à la France la supériorité pour les jardins sur toutes les Provinces de l'Europe. Quel naturel dans ceux de Saint Cloud, de Sceaux & de Chantilly ! Quelle élégance dans ceux de Marly & de Bellevûe ! Quelle grandeur, quelle noblesse, quelle magnificence dans les jardins de Versailles ! Telle est du moins l'idée qu'on en a eue jusqu'à présent. Cependant un Auteur * vient

* Le Père Laugier, Essai sur l'Architecture, pag. 277.

d'avancer que ces derniers n'ont rien qui puisse *fournir au plaisir de l'ame ni à l'amusement des yeux un agréable & riant spectacle*; & qu'en s'y promenant, on trouve *de l'étonnement & de l'admiration d'abord, & bientôt après de la tristesse & de l'ennui.*

Qui ne voit que cette critique n'est juste qu'eu égard à la situation de Versailles? Il auroit été assurément facile à Louis XIV. d'embellir un lieu orné par la Nature; mais ce Prince a voulu faire voir en choisissant un terrein qu'elle a le plus disgracié, qu'un Roi est plus grand lors-

PREFACE.

qu'il sait se former des aspects aussi heureux que magnifiques, que lorsqu'il ne fait que parer la Nature qui se présente belle & riante aux yeux même du villageois. En convenant que la situation de Versailles est extrêmement ingrate, n'est-ce pas une occasion de relever les beautés de l'Art qui en ont fait le plus magnifique endroit du monde?

Notre critique trouve * que *la verdure y manque de vivacité & de fraîcheur, & que tout y est d'une aridité extrême. Dans les jardins de*

* Pag. 284.

Versailles, dit-il, *il n'y a point d'eau; & qu'est-ce qu'un jardin sans eau?* Cette critique tombe d'elle-même. Il suffit d'avoir été une fois à Versailles, pour avoir remarqué *la vivacité & la fraîcheur* de la verdure, qui se conserve jusqu'au mois de Novembre presque sans altération. A l'égard des eaux, on pourroit dire qu'elles y sont en trop grande quantité. Qui les reconnoîtroit dans cette description, *d'eaux sales qui jaillissent miraculeusement dans les airs l'espace de quelques minutes seulement, de fontaines à sec,* &

de *bassins à moitié remplis d'eau croupie & puante*? Il est vrai que lorsque ces eaux commencent à jouer, elles forment des bouillons jaunes, mais ce n'est qu'à l'instant de leur sortie des ajutages; & cette couleur jaune n'est causée que par la rouille inséparable des tuyaux de fer qui les amenent : le reste du tems elles sont fort belles & fort claires.

Sans doute l'Auteur de l'*Essai sur l'Architecture* a peu vû ces beaux jardins, ou il s'y est malheureusement trouvé durant l'absence du Roi, tems auquel on raccommode les fontaines. Il faut donc l'inviter à y retourner dans des momens plus favorables. Je ne doute point, que judicieux comme il est, il ne réforme alors ses idées, fruits d'une imagination poëtique. Il verra qu'à l'exception de quelques bosquets qui jouent plus rarement, les eaux ordinaires jouent presque tous les jours, & plus que *l'espace de quelques minutes seulement.*

Que penseroit-on du goût de ce Critique, si on en jugeoit par l'idée qu'ils nous en donne, en préférant à la magnificence & à l'abondance des fontaines de Versailles, les colonnes, les stores & les lustres d'eau des jardins du Roi Stanislas en Lorraine ? Il exalte fort ces nouveautés, qui font renaître le petit goût des grottes & de la méchanique hydraulique; effets d'eau que le bon goût a proscrits des grands jardins, & en particulier de Versailles, où l'on voyoit autrefois la grotte de Thétis avec un jeu d'orgues & des chants d'oiseaux, un chêne verd jettant de l'eau par toutes ses feuilles, & d'autres petites fontaines qu'on a supprimées pour n'y rien laisser que de grand.

PREFACE.

Cet Ouvrage est la suite du *Voyage Pittoresque de Paris*, dont la seconde édition a paru en 1752. avec des additions considérables. Après avoir ouvert aux Etrangers & aux Amateurs des beaux Arts, les Temples, les Palais & les cabinets de cette grande ville, ils étoient, pour ainsi dire, en droit d'exiger que je les conduisisse dans les belles maisons qui embellissent ses environs. C'est ce que j'entreprends d'exécuter ici. Ils y verront des beautés différentes de celles qu'ils ont admirées dans la Capitale. C'est moins en effet le triomphe de la Peinture, de la Sculpture & de l'Architecture, que celui du Jardinage.

Il m'auroit été facile de distinguer les maisons Royales & celles des Princes, d'avec celles des particuliers, & de les ranger par articles séparés, comme on l'a fait jusqu'à présent. Mais j'ai cherché à mettre plus d'ordre dans ces descriptions. Je suppose un Etranger, qui dans le plan de ses voyages fait entrer les environs de Paris. Je le conduis de cette ville vers ses quatre principales portes, qu'on peut considérer comme autant de points cardinaux ; & suivant cet arrangement, quatre grands voyages de plusieurs jours chacun lui suffiront pour voir les Châteaux & les plus beaux jardins situés à quinze lieues autour cette ville.

Je commence par la Porte Saint Honoré : cette route paroît préférable aux trois autres, en ce qu'elle mene à Versailles & à la plus grande partie des maisons Royales. Chaque description suit la position des lieux sur la carte, de maniere qu'on peut aller d'un endroit à l'autre sans presque se détourner. Les jardins sont décrits avec

PREFACE.

plus d'étendue qu'on n'avoit encore fait : j'ai tâché d'en rendre la promenade facile, en évitant de revenir sur ſes pas, dans un grand Parc principalement où tout n'eſt pas également curieux. Oſerois-je me flatter que cet Ouvrage paroîtra fait avec plus de ſoin que celui de Piganiol, dont les deſcriptions vérifiées ſur les lieux ont été trouvées des plus inexactes ?

J'obſerverai enfin que ce qui n'eſt que joli & agréable a été exclu de cet Ouvrage, pour faire place au grand & au magnifique que j'ai eu ſeul en vûe. *Parva leves capiunt animos.* *Quel qu'ait été néanmoins mon attention à n'omettre aucune maison de ce genre, il pourroit se faire que quelques-unes eussent échappé à mes recherches. Je serai fort obligé à ceux qui voudront bien les indiquer au Libraire, & je réparerai cette omission dans la suite.

* *Ovid. de arte am. lib.* 1. v. 159.

VOYAGE

VOYAGE PITTORESQUE DES ENVIRONS DE PARIS.

PREMIERE PARTIE.

A Porte S. Honoré conduit à presque toutes les Maisons Royales. On y verra dans quelques années un objet des plus intéressans; c'est un monument qui doit éterniser la mémoire de la bataille de Fontenoy, & dont la première pierre a été posée au mois d'Avril 1754. par les Prévôt-des Marchands

cette porte n'a pas été exécutée et ne le sera probablement point.

I. Partie.   A

& Echevins de cette ville. M. *Bouchardon* est occupé de ce chef-d'œuvre, qui sera placé au bout du pont tournant en face du jardin des Tuileries.

Les vûes de ce Palais ne pouvoient être terminées plus agréablement que par les Champs Elifées, l'Etoile & les allées du Roule, dreffées par ordre de M. Colbert fur les deffeins de *le Noftre*. La partie de ce beau plant fur la gauche de la Seine, la feule qui foit exécutée, fe raccorde très-bien avec l'ancien Cours appellé le Cours-la-Reine, planté le long de la rivière par Marie de Médicis, & renouvellé fous la Régence du Duc d'Orléans. Ses différentes allées font une promenade délicieufe vers Chaillot, Paffy, Auteuil, villages remplis de jolies maifons.

En defcendant une des allées de l'Etoile, on apperçoit fur la droite

LES TERNES.

LES TERNES. Ce Château préfente une façade très-régulière, précédée d'une belle Cour, & d'une autre de chaque côté pour les offices & les baffe-cours. L'appartement du raiz de chauffée eft gracieux, & compofé de plufieurs piéces boifées & peintes de différentes couleurs. Le salon au premier étage ne se distingue pas moins par sa grandeur, que par les ornemens qui le relevent. On voit un beau clavecin & une orgue dans une piéce d'enfilade destinée à la musique.

Le parterre est formé de deux piéces de broderie, soutenues d'arbres taillés en portique, avec un beau bassin. Au-dessus sont quatre boulingrins de gazon comparti, avec de grands vases dans leurs milieux, & des tilleuls en boule tout autour.

Sur la droite du parterre, & près du Château, est un bosquet très-élégant, orné d'un bassin & de quatre petites corbeilles de fleurs, qui se dessinent à merveille avec différens compartimens de buis & de gazon. Ensuite est un bois, dont les principales entrées ont des grilles à leurs enfilades pour découvrir la campagne.

A côté du bosquet on peut se promener dans un quinconce taillé en arcades, & coupé par dessus ; on y a placé une pompe avec un réservoir. Au sortir de ce bosquet se découvre une piéce d'eau qui, quoique renfoncée, n'en est pas moins agréable par les talus de gazon qui en partagent la pente. Elle est surmontée d'un

A ij

LES TERNES. beau portique servant d'entrée à une salle entourée de treillages & de figures, avec un bassin, & terminée par un autre grand portique décoré d'un grouppe de Sculpture.

Ces bosquets sont accompagnés de nouveaux plants, formant plusieurs salles & enfilades d'allées, qui se raccordent parfaitement avec les piéces contiguës. Au dessus de ces bosquets est un clos de dix à douze arpens, entouré d'un fossé sec & planté en étoile, avec des boules d'ormes qui environnent de grands carrés de luzerne. Cette étoile continue le coup d'œil, & fait un bel effet dans une plaine, où la vûe n'est pas des plus variées.

Le potager, sur la gauche du parterre, contient douze arpens distribués en patte d'oie, avec trois bassins & un belveder en terrasse. M. Masse, Sécretaire du Roi, est propriétaire de cette belle maison, dont les jardins sont disposés avec beaucoup d'art.

La maison des ternes a été vendue par les heritiers de M. Masse et je ne sais plus à qui elle apartient.

NEUILLY.

NEUILLY. Le Ministre* qui a choisi cette situation, a judicieusement pensé que l'Art n'étale jamais ses richesses avec plus d'a-

* M. le Comte d'Argenson.

La maison qui etoit à M. le Comte d'Argenson a neuilly est à present à M. Radix de St. Foix.

vantage, que lorsqu'il est aidé & secondé de la Nature.

Le Château qui n'est point encore achevé, est élevé sur plusieurs terrasses qui descendent vers les bords de la rivière de Seine. Il est à la Romaine, couronné d'une balustrade interrompue par des piédestaux, qui portent alternativement des grouppes d'enfans & des vases. L'Ordre Ionique moderne règne dans ce bâtiment qui n'a qu'un étage. Sa façade du côté de la rivière est la plus ornée ; le milieu fait un avant-corps de quatre colonnes qui portent autant de figures, & deux autres en retour faites par M. *Vassé*. Il y a pareil nombre de figures du côté de l'entrée ; mais il n'y a point de colonnade. Les clefs des arcades sont ornées de Sculptures, & les faces latérales n'ont que deux croisées & deux niches où sont placées les statues en marbre de la Fidélité & du Silence, par M. *Pigalle*. Cette Architecture qui n'a pas moins de noblesse que d'élégance, est de M. *Cartaud*.

Le côté droit du Château a vûe sur un parterre d'un goût très-neuf. Autour de plusieurs compartimens de menuiserie se dessinent divers enroulemens de gazon entourés de petits treillages d'un

NEUILLY.

[marginal note: cette statue a été transportée aux Ormes, château en touraine apartenant à M. le Comte d'argenson]

pied de haut, & distingués par des sables de différentes couleurs. Ces compartimens sont remplis des plus belles fleurs de chaque saison. Dans le milieu des huit compartimens qui forment ce parterre, on voit une figure pédestre & en marbre du Roi, habillé en guerrier. Elle a été sculptée par M. *Pigalle*.

À côté de ce charmant parterre, sont quatre petits carrés uniquement formés de roses, avec un parterre fleuriste, surmonté d'un talus de gazon, & d'ormes en boule. On voit au dessus plusieurs salles de verdure, ornées de portiques & d'amphithéâtres de gazon. Dans une de ces salles est placé un enfant de marbre assis dans une grande coquille, & à qui la morsure d'un crabe fait verser des larmes. Ce morceau est de M. *Adam l'aîné*.

La partie gauche des jardins, en entrant par la grille, est la moins étendue, & sera occupée par une glacière & deux bosquets qui ne sont pas plantés. Des basse-cours vous passez, en traversant la rue, dans un potager, qu'il ne faut pas oublier de voir. On trouve, en y entrant, un joli bosquet; & rien n'y manque pour la propreté & le bon goût.

ASNIERES

Eloigné d'environ une lieue de Neuilly, est à M. le Marquis de Voyer, & est un monument de son amour pour les Arts. La situation en fait le principal agrément. La rivière de Seine y forme un canal le long de la terrasse ; & en face du Château on a fait un autre canal, en partageant en deux une île, dont l'aspect est des plus agréables.

Le Château précédé de plusieurs allées, a une belle cour, à la tête de laquelle sont deux pavillons destinés, l'un au concierge, l'autre au jardinier. Au raiz de chaussée est la salle à manger, ornée de pilastres & de revêtissemens de marbre, tant feint que véritable, surmontés d'une frise remplie par une Bacchanale. Le salon ovale qui suit est tout doré, & présente dans son plafond six camayeux, peints par M. *Pierre*, qui se dessinent avec la corniche, & offrent des enfans occupés à la pêche & à la chasse.

La galerie est décorée, en face des croisées, de quatre arcades de menuiserie, qui renferment chacune six tableaux des plus habiles Peintres Flamands, tels que Vanhuysum, Teniers, Gerard-Dou, Wouverman, Breugel, Metzu, & Claude

ASNIERES. le Lorrain, fameux paysagiste François. La cheminée & les studioles régnantes au bas de ces arcades sont garnies des plus belles porcelaines. *Pineau* a donné les desseins, & a travaillé à tous les ornemens des dedans. M. *Mansard* est l'Architecte du bâtiment, dont le milieu avance, & présente dans les trumeaux deux figures de demi-relief, faites par M. *Coustou*. Au-dessus est un ordre de pilastres Corinthiens, couronnés par des trophées & accompagnés de guirlandes, entourant le buste en marbre du Roi.

Les jardins, dont l'étendue est fort resserrée, ne sont pas encore plantés. Les écuries & le manége couvert qu'on voit en entrant, sont considérables : on y met les chevaux des haras de Sa Majesté.

PASSY.

PASSY. Le Château de M. de la Poupeliniere, Fermier Général, est la première maison considérable qui se trouve sur le chemin de Versailles. Ce Château consiste en deux gros pavillons : l'un d'eux avance sur une terrasse, dont la vûe n'est pas moins variée qu'agréable. Au raiz de chaussée de ce pavillon on trouve à gauche la salle à manger, & à droite une première salle qui précéde le salon

[marginalia:] apres la mort de M. de la poupeliniere qui avoit acheté ce chateau a vie, il est revenu à M. bernard de boulainvilliers qui l'a revendu à vie a M. le Duc de pentievre

suivi d'un cabinet doré, dont les Sculptures & les meubles font d'un goût des plus galans.

Le premier étage offre une galerie décorée de papiers de la Chine, entourés de baguettes dorées. La cheminée est de marbre de griotte d'Italie, enrichi d'ornemens de bronze dorés d'or moulu. Plusieurs tables placées entre les trumeaux portent de jolis modéles en terre cuite, faits par M. *Vandervoorst*. Sur les quatre portes feintes qui accompagnent les portes d'enfilade, sont autant de tableaux qui représentent Psyché admirant l'Amour endormi, l'Amour qui abandonne Psyché, Vénus portée sur les flots & entourée de Tritons & de Néréides, Vénus & l'Amour; ces trois derniers sont de *Noël-Nicolas Coypel*.

La Chapelle est de forme ovale, & décorée de pilastres Ioniques. Le plafond fait en dôme éclairé par un lanternon, est peint à l'huile sur plâtre par *de Troy le fils*, qui y a représenté l'Assomption de la Vierge, au moment que sortie du tombeau, les Apôtres viennent pour l'y chercher. A l'Autel est une sainte Famille, & au-dessus des quatre portes sont la Religion & les Vertus

A v

Théologales en demi-figures. Ces cinq morceaux sont de la même main.

En sortant de la grille qui sépare la cour du jardin, on apperçoit une salle de marroniers, dont le milieu est occupé par un grouppe de Sculpture. Au bout est un fleuriste orné d'un portique de treillage, qui renferme un bassin cintré. La salle de marroniers est soutenue par un talus au-dessous duquel est un parterre, & plus bas un boulingrin.

Vous descendez de cette terrasse sur une autre décorée de piéces de gazon comparties, formant deux parterres. Plusieurs bosquets leur servent d'accompagnement. Les deux plus voisins du Château ont leurs carrés coupés par dessus ; dans l'un est l'Enlévement de Proserpine, & dans l'autre il y a des grouppes d'enfans, entourés d'un cloître de treillage. Les autres salles renferment l'Orangerie, la volière & le jeu de bague. Le plus beau bosquet, situé à l'extrémité du jardin, est un cloître de gazon formé en tilleuls, avec des carrés de bois dans le milieu, dont le centre est occupé par une grande salle ovale.

Ce Parc renferme quarante arpens, dont le potager en contient quatorze. Ce dernier est séparé du Château par la rue,

& est orné de deux bassins. C'est une pompe qui y porte l'eau, ainsi que dans un petit réservoir placé à côté des écuries du Château. Il y a aussi dans le potager une fontaine qui est minérale, sans être ferrugineuse.

On peut voir dans le même village la maison qui a appartenu au Duc d'Aumont, & qui est aujourd'hui à M. le Comte de Valentinois. Elle est moins remarquable par sa grandeur, que par la manière dont on a sû tirer partie de son terrein. Le bâtiment consiste en deux aîles, terminées chacune par un belveder, l'un en calotte de plomb, soutenu par des montans de fer, l'autre en maçonnerie, porté sur des colonnes d'ordre Toscan. Il y a dans l'aîle droite un salon fort élevé & orné de Sculptures, de figures & de bustes. A côté est un fleuriste avec un petit quinconce.

En face de la Cour, vous montez par un escalier circulaire dans un parterre de gazon de quatre piéces découpées, avec un bassin octogone. Ce parterre est bordé de deux belles allées de tilleuls taillés à l'Italienne. Au bout sont plusieurs petits carrés de gazon, entourés de charmilles & d'arbres en boule.

PASSY. Sur la droite est l'Orangerie, dont la serre est magnifique. Différens bâtimens contigus mènent à une galerie remplie de tableaux & de bustes, & terminée par un petit appartement à coucher. Au sortir de cette galerie on se trouve sur une superbe terrasse qui tourne autour du potager, & s'élargit en deux endroits pour former des demi-lunes, dans l'une desquelles est un grouppe de l'Enlèvement de Proserpine. La belle vûe qu'on découvre de ces terrasses fait le plus grand mérite de ce jardin.

MADRID.

MADRID. Le Bois de Boulogne, à la tête duquel ce Château est situé, lui sert de Parc; il est entouré d'un fossé, & sa forme est celle d'un carré long. On prétend que François I. l'a fait construire sur le modéle du Château de Madrid en Espagne. Ses offices doivent être comptées parmi les singularités remarquables des beaux édifices de France; elles sont toutes voûtées, & tirent leur lumière d'enhaut par quelques abajours. Autour du raiz de chaussée & du premier étage régne une galerie formée par des arcades que soutiennent des colonnes accouplées. L'ornement de ces arcades est assez singulier;

c'est une terre cuite qui jette beaucoup
d'éclat lorsque les rayons du soleil donnent dessus. *Céfar della Robbia*, appellé
en France par François I. a fait plusieurs de ces bas-reliefs en terre cuite
vernissée. Ses modéles étoient des bas-
reliefs antiques. Deux pavillons carrés
ayant dans le milieu de leurs faces deux
tours rondes couvertes d'un campanille, forment des avant-corps aux extrémités. Il s'éleve encore de leurs angles d'autres petits pavillons de la même forme que les grands.

LA MEUTE

Est une maison Royale, située à l'entrée du bois de Boulogne du côté de
Passy. Ce n'est à proprement parler
qu'un rendez-vous pour la chasse,
quoique le Roi y reste quelquefois plusieurs jours. On y fait actuellement un
bâtiment assez considérable du côté de
l'Orangerie.

Le vestibule est orné de deux tableaux de *Vander-Meulen*, qui représentent les Siéges d'Orsoi & de Rées,
& de deux autres copiés d'après lui
par *Martin*, savoir, Mons assiégé en
1691. & Namur en 1692. On entre

LA MEUTE. ensuite dans l'anti-chambre des Seigneurs; ses dessus de porte peints par M. *du Mont*, offrent la Générosité, l'Abondance, la Paix & la Victoire.

La salle à manger est à droite. On y voit six tableaux de M. *Oudry*, dont quatre dessus de porte: le premier, deux coqs qui se battent; le second, un chien qui se jette sur des canards dans des roseaux; le troisiéme, une buse qui culbute un liévre; & le quatriéme, un renard sur un faisan: les deux autres morceaux qui sont beaucoup plus grands, représentent deux chasses, l'une au loup, l'autre au sanglier. La Chapelle termine ce côté-là. A gauche est le salon.

Un parterre de broderie est suivi de deux boulingrins ornés de plate-bandes & de fleurs. Plus loin sont deux étoiles de gazon, dans le centre desquelles on voit deux figures de marbre, l'une d'une Chasseresse, & l'autre d'une Nymphe qui revient de la pêche, par *Flamen*. Ces deux piéces sont séparées par une allée d'arbres taillés en boule, sortant de caisses de charmille, & sont terminées par un grand tapis verd orné d'un grouppe de pierre représentant Pluton qui enléve Proserpine lorsqu'elle va puiser de l'eau dans la fontaine Aréthuse en Sicile. Une terrasse de forme circulaire qui donne sur la campagne, fait la clôture du jardin.

La gauche est occupée par la faisanderie, & le potager; & la droite par le parterre dit de l'escarpolette qui est renfoncé, & où se trouvent quatre différens jeux. Au-dessus est un petit bois, suivi du jeu de l'anneau tournant, & de l'Orangerie.

Les deux statues de marbre placées contre les palissades du parterre, sont une Chasseresse qui essaye une fléche, par *Poirier*, & Diane, par M. *Lemoyne le pere*. Cette dernière est près d'un joli bosquet, au sortir duquel on voit un jeu décoré de deux figures de marbre, Clytie changée en tournesol, par *le Pautre*, & une femme tenant un arrosoir comme pour répandre de l'eau sur des fleurs, que lui présente un Amour.

ISSY.

Le Château de Madame la Princesse, seconde Douairière de Conty, doit être placé parmi les belles maisons des environs de Paris. Sa façade est très-régulière, & présente du côté de la cour un péristile de colonnes Doriques, surmontées d'un Attique & d'un fronton. Celle du jardin est semblable, à l'exception de l'Ordre qui est Toscan. Cette Architecture est de *Bullet*.

On remarque au raiz de chaussée un bas-relief de marbre, représentant les Chevaliers Danois, qui surprennent Renaud dans les jardins * d'Armide. Le salon pavé de marbre blanc, est décoré de pilastres aussi de marbre, entre lesquels on a sculpté des trophées très-délicatement travaillés.

En face du Château, est un grand parterre de broderie, surmonté d'un autre placé sur une terrasse, & d'un amphithéâtre de gazon. Le grand parterre est suivi d'une longue allée couverte, qui se termine à un beau bassin, au-delà duquel est la grande allée qui donne sur la campagne. On monte ensuite au réservoir & aux potagers par une rampe que termine un tapis verd en glacis, qui descend jusqu'à l'allée d'en bas.

Ce jardin dont l'étendue est de 96 arpens, & qui est planté sur la croupe d'un côteau, fait admirer le beau génie de *le Nostre*. Un de ses principaux agrémens, est qu'on n'y voit point de murs; on diroit qu'il s'unit avec la campagne. La Princesse, en se promenant, découvre tout le pays, & peut dire avec Benserade :

... Si tout n'est à moi, tout est à mes regards.

La droite de la grande allée dont j'ai parlé, est occupée par une croix de S. André, embellie de cabinets & de fontaines qui menent à l'allée de Meudon, d'où l'on découvre une campagne qui s'étend jusqu'à la rivière de Seine.

On trouve, en se rapprochant du Château, le petit & le grand Canal accompagnés de bosquets, dont un se nomme le bosquet & bassin des cannes. Il y a plus loin un boulingrin, & deux jolis parterres de broderie avec des fontaines.

Il ne reste plus à voir que le pavillon des bains placé sur la droite de la cour. La gauche est occupée par le logement des Officiers, & par la serre de l'Orangerie, dont le parterre fait face à un des côtés du Château.

VENVRES.

De toutes les maisons de plaisance dont la ville de Paris est environnée, il y en a peu dont la situation soit aussi

VENVRES. heureuse que celle du Château de Venvres, appartenant à M. le Prince de Condé. On y arrive par une avenue de deux cens toises de long, formée par quatre rangées d'ormes. Le Château est bâti sur une montagne dans un lieu inculte & presque inaccessible ; mais le terrein a été si bien ménagé par *J. H. Mansard*, que l'irrégularité de la Nature a fait place à de superbes terrasses, avec des rampes douces qui communiquent aux jardins d'en bas.

Le bâtiment est isolé, & consiste dans un grand corps de logis double, construit de pierres de taille, d'une structure si simple & si belle, qu'elle remplace les Ordres d'Architecture dont on auroit pû le décorer.

Sur les côtés, à niveau de la cour, régne une très-longue terrasse ; une autre en amphithéàtre, située au-dessous, communique à deux rampes en face du Château qui se terminent en fer à cheval. Elles conduisent par une pente douce à un parterre à l'Angloise très-long & orné de quatre bassins, dans l'un desquels est une gerbe qu'on voit au travers du vestibule, en entrant par la porte de la cour. Comme le Parc s'étend fort loin, principalement d'un côté, on a interrompu la suite des allées pour conserver ce point de vûe au Château.

Ce grand bassin est accompagné de trois autres plus petits, aux extrémités qui font face aux deux allées qui descendent ; & le troisiéme est vis-à-vis une salle de matroniers formant un beau bosquet, avec un autre bassin. Ces eaux jouent continuellement, & viennent d'un réservoir voûté, placé contre le mur de clôture au bout du bois.

Le parterre à l'Angloise qu'on vient de voir, est bordé d'allées & de bois de haute futaye, dont la beauté répare avantageusement le défaut de la vûe.

Les potagers sont de l'autre côté de la rue. Il faut, pour y aller, passer sous une voûte qui la traverse, d'où l'on entre dans une rotonde soutenue de colonnes & de pilastres Doriques, dont le dessein est très-bien entendu. En face est une grande coquille & divers compartimens de gazon, avec des ifs & des boules. Cet endroit un peu champêtre & solitaire est égayé par la rotonde, qui surprend agréablement le spectateur.

MEUDON.

MEUDON. Le Cardinal Charles de Lorraine fit bâtir ce Château par *Philibert de Lorme*, sous le régne de Henri II. Mrs Servien & de Louvois qui l'ont possédé successivement, y ont fait ensuite beaucoup d'augmentations. Ce dernier chargea *J. H. Mansard* de la construction des fossés, des terrasses & de la grille d'entrée. Louis XIV. ayant acquis Meudon de Madame de Louvois, en fit présent à feu Monseigneur le Dauphin son fils, qui l'a considérablement embelli.

On arrive par une très-belle avenue à ce Château, situé à deux lieues de Paris, sur le sommet d'un côteau qui borde la rivière de Seine. A droite de cette avenue est le Couvent des Capucins, le premier qu'ils ont eu en France. Leur tableau d'Autel représentant l'Adoration des Bergers, est un des plus beaux ouvrages de M. *Galloche*.

La terrasse qui se présente au bout de l'avenue, sert d'avant-cour au Château. On peut juger des sommes immenses qu'elle a coûté, par son élévation & par sa longueur, qui est de 130 toises, sur 70 de large. Elle découvre plusieurs villages dont celui de Meudon est le principal ; & la rivière de Seine qui s'y partage en deux bras, rafraîchit une vûe aussi étendue que diversifiée.

MEUDON.

La façade du Château a un air de grandeur & de majesté. Ses deux aîles ornées de pilastres & de colonnes ont une galerie par bas, soutenant une terrasse bordée d'un balcon de fer qui régne tout autour. Le pavillon du milieu qui est arrondi par les extrémités seulement, avance plus que le reste de l'édifice, & est décoré d'un second ordre de pilastres, & de trois bas-reliefs représentant les Saisons. Il est terminé par un fronton, sur lequel sont deux figures couchées, & par une grande calotte octogone qui porte une terrasse.

Les appartemens sont fort ornés de peintures, de glaces, de dorures & de marbres.

Celui du Roi est à gauche au premier étage. La troisiéme piéce qui est celle du Billard, offre quatre tableaux ovales placés dans des lambris dorés ; savoir, Hercule qui ramene Alceste des enfers, Silène barbouillé de mûres par la Nymphe Eglé, tous deux d'*Antoine*

MEUDON. *Coypel*; Latone demandant à Jupiter vengeance de l'insulte que lui ont faite les payfans de Lycie, par *Jouvenet*, & gravé par du Bocq. Le quatriéme repréfente Hercule entre le vice & la vertu, & eft de *la Foffe*.

Les plafonds des trois piéces fuivantes font peints par *Audran*.

Dans un appartement au-deffus de celui du Roi, on trouve deux tableaux d'*Antoine Coypel*; Pfyché qui admire l'Amour endormi, & l'Amour qui abandonne Pfyché.

Le deffus de porte du cabinet de glaces repréfente Mars aux forges de Lemnos, du même Peintre.

Dans une petite garde-robe, *Bertin* a peint trois petits ovales qui font des fujets de la fable.

Une piéce à gauche eft ornée de quatre tableaux, dont deux de *Colombel*, favoir, Moyfe trouvé fur les eaux, & les Filles de Jéthro. Les autres font David & Abigaïl, & la Reine de Saba, de *Louis de Boullongne*.

Plufieurs piéces d'enfilade conduifent à un grand veftibule, qui occupe tout le corps de logis du milieu. Ce veftibule orné dans fon pourtour de douze gaînes, tant de marbre que d'albâtre, est ovale, & d'une Architecture en pilastres Ioniques, surmontés d'un Attique.

Dans une petite piéce qui précéde la galerie, on voit une tête de Porphyre, représentant Alexandre le Grand.

La galerie est décorée de Sculptures & de panneaux dorés, qui renferment douze tableaux de Campagnes & de Siéges, peints par *Martin l'aîné*. Il y a aux deux extrémités quatre grandes figures dans des niches.

On passe de cette galerie dans la Chapelle, dont de grands pilastres Corinthiens réglent l'Architecture. Elle n'a pour toute peinture que deux tableaux d'*Antoine Coypel* : le plus grand, placé au maître Autel, représente la Résurrection de N. S. gravée par Jean Audran; l'autre qui est une Annonciation, décore un petit Autel.

Sortant de la galerie, vous descendez dans un passage où sont cinq chasses, peintes par *Desportes*, & un buffet, par *Fontenay*.

Il ne reste plus à voir qu'une salle au raiz de chaussée, sur les portes de laquelle sont quatre sujets de l'Ancien Testament, par *Loyr*, & aux côtés de la cheminée deux grands tableaux de

Vander-Meulen, avec des figures & des portiques d'Architecture.

Dans la salle à manger, il y a un tableau représentant un Siége, & quatre paysages, de *Monper*, & de *Fouquieres*.

Feu Monseigneur a fait élever le Château-neuf de Meudon, à la place de la fameuse grotte, bâtie par *Philibert de Lorme*, dont il ne reste plus que la grande terrasse construite de briques. Les avant-corps du Château-neuf sont décorés de colonnes Doriques ; & le vestibule supérieur qui est de plain pied à la terrasse, est orné des quatre Saisons en bas-relief sculptées par *le Pautre*, & de deux grandes figures placées dans des niches. On voit au haut de l'escalier une belle statue en bronze d'Esculape, faite par *Jean Bologna*.

Les jardins de Meudon dont *le Nostre* a replanté le Parc, offrent de belles productions de son Art, tant dans les bas que dans les hauts. En face des deux Châteaux, est un grand parterre avec un bassin. La serre de l'Orangerie est pratiquée sous la terrasse de celui du vieux Château. Les Orangers qui sont fort beaux, se rangent dans une longue esplanade, dont un bassin carré occupe

cupe le centre. Plusieurs grands tapis de verdure qui suivent le penchant de la montagne, menent à l'étang de Chalais, de forme exagone, & qui a neuf arpens d'étendue. On trouve au-delà une très-longue avenue double, qui monte vers les murs du Parc où elle se termine.

Sur la gauche des tapis verds dont je viens de parler, vous descendez à une piéce d'eau nommée l'ovale, dont le jet s'élevoit autrefois à plus de cent pieds de haut, & de là à un bassin octogone d'où vous découvrez le vertugadin.

Le Parc est d'une étendue immense, & entièrement fermé de murs. Les bois qui le composent pour la plus grande partie, présentent en plusieurs endroits des bassins, des réservoirs & des étangs, parmi lesquels on distingue celui de Bélair situé près la cour des écuries. Les routes & les allées en sont à perte de vûe. Celle qui commence à la gauche du Château-neuf, conduit à un grand rond de gazon, où est une très-belle figure en bronze du Gladiateur : cette figure qui est antique, donne le nom à cette allée, qu'on appelle l'allée du Gladiateur. Le morceau le plus remarquable de tout le Parc, est le cloître,

I. Partie. B

MEUDON. autrement dit les plaisirs. C'est un grand carré long pratiqué dans les bois, qui a au moins quatre arpens d'étendue, & dont les allées ont cela de singulier, qu'elles sont formées par de beaux chênes très-élevés. Il y a dans le milieu un bassin d'un arpent d'étendue.

On peut voir encore dans le Parc la ferme de Vilbon, près de laquelle sont deux moulins à vent, qui servent à élever les eaux, & dont la méchanique n'est pas moins curieuse que singulière.

BELLEVÛE.

BELLEVUE. Les dehors de ce Château donnent une idée des plus avantageuses de ce beau lieu. Les points de vûe qui s'y rassemblent, la variété de ses aspects, les serpentemens de la Seine qui semble se plaire dans ses sinuosités & se multiplier aux yeux, lui ont fait donner le nom de Bellevûe.

On y arrive par le côté de Meudon, & par celui de Sèvres ; le premier est le plus agréable & le plus fréquenté. Deux pavillons se présentent d'abord, avec une avenue de tilleuls qui conduit dans une cour où sont les écuries, les remises & la salle de la Comédie.

[note manuscrite en marge :] Le château de Bellevue a été legué au roi par Mad.e de Pompadour. Louis 15 l'a gardé jusqu'à sa mort et Louis 16 l'a donné à Mad.e Adelaide.

De cette cour vous entrez dans celle du Château qui forme un grand ovale, d'un côté par des grilles dorées, & de l'autre par des balustrades régnantes autour des fossés qui la séparent d'avec le jardin.

Le Château élevé sur les desseins de M. *Lassurance*, est bâti de très-bon goût, quoique fort simple & sans Ordre d'Architecture. Il a neuf croisées de face, entre les trumeaux desquelles sont des bustes de marbre. Les frontons qui servent de couronnement à ses quatre façades, sont occupés par autant de bas-reliefs dûs à M. *Coustou* : on estime surtout Galathée sur les eaux.

Le vestibule est orné de deux figures de marbre de six pieds de proportion, placées dans des niches ; l'une est la Poësie, par M. *Adam l'aîné* ; & l'autre, la Musique, par M. *Falconnet*. Vous passez ensuite dans la salle à manger, décorée de quatre dessus de porte, de M. *Oudry*. Le premier représente deux chiens, un brac & un épagneul, avec un panier à gibier contre lequel il y a un faisan & des lapreaux dessus; le second, un chien épagneul en arrêt sur des perdrix dans des blés ; le troisiéme, un barbet qui se jette sur des canards;

BELLEVUE. & le quatrième, deux levriers dont l'un flaire un liévre : le Château de Bellevûe y paroît dans le lointain.

On entre sur la gauche dans la chambre de Madame la Marquise de Pompadour : les dessus de porte peints par M. *Carle Vanloo*, représentent cette Dame à qui une Négresse verse du thé, & une autre Dame travaillant en tapisserie.

De l'autre côté est le salon, orné de six tableaux de M. *Carle Vanloo*; la Tragédie, la Comédie, & les Arts libéraux.

Le cabinet suivi d'une salle de Musique, renferme une figure en marbre de l'Amour, par M. *Saly*.

L'escalier peint en grisaille, par Mrs. *Brunetti*, offre au raiz de chaussée des figures & des vases artistement feints. Au premier étage régne un Ordre de colonnes Ioniques, & dans les entrecolonnemens sont quatre grouppes de figures, le tout parfaitement imité.

L'Appartement du Roi est composé d'une antichambre & d'un grand cabinet orné de papiers de la Chine, & de quatre dessus de porte, peints par *Bon Boullongne*; l'Enlévement de Proserpine, le Jugement de Paris, la Naissance de Vénus, & celle de Bacchus.

Le petit cabinet qui suit la chambre à coucher de Sa Majesté, est entièrement boisé. Les moulures de ses lambris sont relevées par des guirlandes de fleurs peintes au naturel ; & dans les milieux des panneaux, des cartouches font voir divers exercices de l'âge tendre. Sur les portes il y a deux pastorales, de M. *Boucher*.

La Chapelle est décorée d'une très-belle Nativité, de M. *Boucher*.

L'Appartement des bains, placé sur la droite dans la cour du Château, renferme deux ouvrages du même Peintre ; Vénus dans le bain, & Vénus à sa toilette servie par les Amours.

On passe de là dans la Ménagerie ornée dans son milieu d'une belle volière : le reste du terrein est coupé par des gazons, du centre desquels s'élevent huit petites fontaines ; & aux encoignures quatre cabinets de treillage cachent autant de cours à fumier, pour les quatre espèces de poules étrangères qu'on y nourrit.

Les faces latérales du Château sont accompagnées de plusieurs piéces de parterre à l'Angloise, entourées de beaux Orangers, & terminées par des bassins revêtus de marbre avec des grouppes

B iij

d'enfans dorés. Au bout d'un de ces parterres s'éleve un belveder de gazon. On defcend de là par des rampes jufqu'aux bords de la rivière.

De quelque côté qu'on tourne les yeux dans les jardins qui viennent d'être plantés fur les deffeins de M. *d'Ifle*, on trouve à les arrêter agréablement. Le milieu de la principale allée eft occupé par un long tapis de gazon, avec la figure pédeftre en marbre du Roi, fculptée par M. *Pigalle*, & entourée d'une baluftrade dorée.

Le côté droit eft féparé en deux parties. La première eft compofée d'un labyrinthe, d'une falle carrée, & d'une autre au-deffous, avec des cabinets aux deux bouts & un boulingrin dans le milieu.

Dans la feconde partie, on voit d'abord un bofquet découvert, entouré de treillages à hauteur d'appui, & dans le centre un baffin orné d'un grouppe d'enfans.

Le fecond bofquet eft celui d'Apollon, dont la figure en marbre eft de M. *Couftou*. Il eft planté en lauriers rofes, lilas & autres arbriffeaux odoriférans.

Le troifiéme s'appelle le bofquet de

l'Amour. On y voit la statue de Madame la Marquise exécutée en marbre, par M. *Pigalle.* Dans la partie la plus élevée de ce joli bosquet qui n'est formé que de roses & de jasmins, paroît un baldaquin de plomb doré, soutenu sur des palmiers, & couronné d'un grouppe de flêches & de carquois. Il est pavé de marbre en compartimens, & élevé sur une petite éminence formée par un talus de fleurs, interrompu par un escalier de gazon. Les palissades de cette salle sont des Orangers en pleine terre, avec différentes fleurs tout autour.

BELLEVUE.

Plus haut est le bosquet de la grotte, orné d'une rocaille, & accompagné de deux petits berceaux en niche: on n'a admis ici que des arbrisseaux verds, la plûpart étrangers. Les Peintres & les Dessinateurs empruntent volontiers leurs idées de la Poësie; & l'on voit avec plaisir la pensée d'un grand Poëte mise en exécution

Dans ces bocages tranquilles,
Peuplés de myrthes fertiles
Et de lauriers toujours verds.

Rousseau, Ode à Malherbe.

Le cinquiéme bosquet est celui de la cascade, revêtue de marbre blanc, & dé-

BELLEVUE. corée dans ses panneaux, de festons, de trophées & autres ornemens de plomb doré. Tout au haut est un grouppe d'un Triton & d'une Nayade, derriere lequel sort la maîtresse gerbe. De chaque côté sont des enfans tenant des dauphins. Sur la seconde nappe, il y a deux autres grouppes d'enfans qui sortent des roseaux, d'où s'éleve un bouillon d'eau. Ces deux nappes en forment une troisiéme dans un bassin où se voient trois gerbes percées en étoile. Les côtés faisant avant-corps, sont rocaillés, & ont pour amortissement des figures en marbre de Nayades, qui répandent l'eau de leurs urnes dans deux coquilles successivement. Ce bosquet pratiqué en rampe douce, est rafraîchi par des ruisseaux qui roulent sur un petit pavé, & sont arrêtés dans leur course rapide par des morceaux de fer triangulaires qui les font bouillonner agréablement.

Le point de vûe en face du Château est terminé par un bassin ovale, qui renferme un buffet de rocaille, formé d'une pyramide, avec deux griffons de plomb doré, & un masque qui jette de l'eau dans trois coquilles faisant nappe. Derrière ce buffet le terrein s'éleve en terrasse, avec une demi-lune d'eau en dehors qui sert de réservoir. Le coup d'œil est prolongé dans la campagne par une longue allée double, avec une patte d'oie, qui découvre des prairies & un bois dans lequel est situé un réservoir de deux arpens.

L'autre côté de ce beau jardin, qui est à gauche de la grande allée, est planté en quatre salles avec des allées tournantes. D'autres allées de traverse font appercevoir les potagers & les vergers. Vers le Château on trouve un bosquet avec un bassin, qui fait symmétrie avec celui de la droite. On compte à Bellevûe près de cent arpens de Parc.

SAINT CLOUD.

Le Château de S. Cloud, situé à deux petites lieues de Paris sur les rives de la Seine qui baigne les bords de ses jardins, est à mi-côte d'une montagne sur la rampe de laquelle son avenue est plantée. On trouve d'abord une avant-cour, appellée la demi-lune, suivie de la cour dont l'entrée est par un des angles ; irrégularité qu'on a corrigée autant qu'il a été possible, en plaçant une seconde grille inutile qui symmétrise avec la première.

La façade du fond a été élevée par *Girard*, qui étoit Intendant des Bâtimens de Monsieur père du Régent : elle est ornée de bas-reliefs audessus des croisées, & d'un avant-corps dont l'entablement est porté par quatre colonnes Corinthiennes. On y voit des statues qui désignent la Force, la Prudence, la Richesse & la Guerre. Dans le fronton est un cadran que le Tems découvre, avec des Amours qui représentent les quatre parties du jour. On a joint à cette façade deux aîles plus modernes, du dessein de *le Pautre*, couronnées de balustrades & de vases, & qui ne s'élevent pas plus haut que le premier étage du fond. Ces aîles sont décorées de huit figures placées dans des niches. Celles de la droite sont l'Eloquence, la Musique, la Bonne-chere, & la Jeunesse. Les autres sont la Comédie, la Danse, la Paix & la Richesse : elles ont été sculptées par *Cadene*.

Le grand escalier qui est sur la gauche, conduit aux appartemens. Il est formé de deux rampes dont la balustrade & les balustres sont de marbre. Jules Hardouin Mansard l'a décoré de colonnes & de pilastres Ioniques, avec des arcades qui le rendent très-riche. Cet Architecte a surmonté avec beaucoup d'habileté les difficultés, que les différentes sujétions de cet escalier apporroient à sa disposition.

On entre sur la droite dans le salon du Billard, dont les lambris sont chargés de dorures & de portraits, peints par *Nocret*, de Princes & de Princesses, dont les noms sont écrits en lettres d'or.

Le grand Salon qui précéde la galerie, est orné de quatre belles colonnes & de seize pilastres de marbre. Ses peintures sont de *Pierre Mignard*, qui a peint aussi la galerie & le cabinet qui la suit. Elles sont regardées comme le plus bel ouvrage de son pinceau.

On voit d'un côté les Forges de Vulcain accompagné de Pan, des Bacchantes & des Faunes; & de l'autre, Mars & Vénus entourés des Graces & des Amours. Le plafond représente l'Assemblée des Dieux appellés par Vulcain pour être témoins de son deshonneur. J. B. de Poilly a gravé ces tableaux avec les ornemens

B vj

qui les accompagnent. Les sujets des dessus de porte gravés par B. Audran, sont la Jalousie avec la Discorde, & les Plaisirs des jardins.

Ce Salon communique par une grande arcade à LA GALERIE D'APOLLON. Le tableau qui est placé au-dessus de la porte, représente Latone indignée, qui demande vengeance à Jupiter de l'insulte que lui font les paysans de Lycie. Le fond du tableau offre l'île de Délos, avec une mer & une forêt.

Le plafond est comparti en neuf morceaux. Le plus grand fait voir Apollon ou le Soleil sortant de son palais, précédé d'un enfant, symbole de l'abondance, & accompagné des Heures du jour. Plus bas de petits Zéphirs versent la rosée du matin. L'Aurore sur son char est devancée par un Amour qui répand des fleurs. Au-dessus, l'étoile du point du jour est représentée par un jeune homme qui la porte sur sa tête, & qui a une verge à la main pour chasser la Nuit & toutes les constellations. L'hirondelle annonce par son vol que le jour va paroître. La Nuit accompagnée de ses deux enfans, dont l'un désigne le sommeil de la vie, &

l'autre celui de la mort, eſt à l'extrémité du tableau, & ſe couvre avec empreſſement de ſes ſombres voiles.

Les Saiſons accompagnent ce grand morceau. Du côté des jardins, le Printems eſt repréſenté par le Mariage de Zéphire & Flore. Cette Déeſſe eſt ſur un lit, & Zéphire s'empreſſe de verſer ſur elle des fleurs que lui apporte une des Heures du jour. Les Amours qui les environnent, ſont diverſement occupés. Sur le devant du tableau une figure à genoux cueille des fleurs pour les préſenter à Flore, & une autre en répand ſur ſon lit. On voit dans l'éloignement des danſes de Bacchantes avec des Satyres.

L'Eté, du côté de la cour, eſt déſigné par les Fêtes de Cérès. Les Vierges qui portent la ſtatue de la Déeſſe parmi les blés, ſont arrêtées pour le Sacrifice, & les moiſſonneurs ſont à genoux avec des torches à la main. Le Sacrificateur vû par derrière eſt prêt à égorger la victime, lorſqu'une Vierge aura répandu ſur le feu ſacré du lait & du vin. Un chien altéré qui regarde le ſoleil, déſigne la Canicule.

Du côté de la cour, l'Automne eſt repréſentée par les Fêtes de Bacchus. Ariane & ce Dieu font fur leur char tiré par des Panthéres que gouvernent des Amours. On voit dans ce tableau une marche de Faunes & de Bacchantes fuivis de Silène. Le fond eft une vûe de mer; & dans l'éloignement paroît un vaiffeau qu'Ariane montre à Bacchus. Sur la droite font des arbres chargés de fruits, d'où pend une peau de tigre, avec un tambour & des mafques employés dans les Bacchanales.

L'Hiver eft du côté des jardins. La principale figure de ce tableau eft le vent Borée qui fouffle la grêle & la neige, & chaffe le foleil. Près de lui les fept Pleyades font repréfentées, tant en figures de femme qu'en étoiles qui fe fondent en eau. Sur le devant, la Terre implore le fecours du foleil, & Vulcain lui offre le feu de la terre, le feul qui puiffe lui être utile. Le fond du tableau eft une mer agitée, fur laquelle font des vaiffeaux battus des flots. Son rivage eft glacé, & des oifeaux aquatiques s'y promenent. Ces quatre tableaux ont été très-bien gravés par J. B. de Poilly.

Il y a encore quatre petits morceaux dans la voûte; favoir, du côté de la porte, Climéne qui préfente à Apollon fon fils Phaëton pour le reconnoître,

& Circé à qui un Amour offre différentes herbes.

Du côté des fenêtres est la chûte d'I-
care, & Apollon qui fait voir à la
Vertu le trône brillant qu'il lui a destiné. L'Amour de la Vertu est assis près
d'elle, tenant de grandes branches de
laurier.

Au-dessus des deux fenêtres qui éclairent l'extrémité de cette galerie, Mignard a peint le mont Parnasse, &
Apollon qui montre un rossignol per-
ché sur une branche de laurier auquel
il renvoie les Musiciens. Deux enfans
placés sur le devant du tableau marquent la mesure, & les cygnes sont
l'emblême de la voix des Poëtes.

Huit bas-reliefs en camayeu sont
dans des bordures rondes rehaussées
d'or.

Le premier, à droite en entrant, repréfente Apollon devant le portique
de son Temple, & la Sibylle qui le
prie de la faire vivre autant d'années
qu'elle tient de grains de sable.

Le second qui est vis-à-vis, fait voir
ce Dieu enseignant la médecine à son
fils Esculape.

On voit dans le troisiéme le Défi de
Marsyas & d'Apollon devant Midas,

& dans le quatriéme la Punition de Marsyas.

Le bas-relief suivant expose la métamorphose de Coronis, & celui qui est vis-à-vis, Daphné changée en laurier.

Cyparisse métamorphosée en cyprès, & Clytie en tournesol, se voient dans les deux bas-reliefs qui ornent le bout de la galerie.

Entre les trumeaux des fenêtres qui l'éclairent, sont placées des vûes de différentes maisons Royales & châteaux.

A l'extrémité de cette galerie on entre sur la gauche dans le cabinet de Diane. Il est orné de quatre tableaux, la toilette de cette Déesse, une chasse, un bain, & un sommeil. L'Aurore se voit au plafond, avec Morphée & quelques autres figures.

Sur l'Autel de la Chapelle, *Mignard* a peint une Descente de Croix, qui est gravée par A. Loyr.

Il y a quelques années que M. le Duc d'Orléans a fait construire du côté du potager, une fort belle salle de Comédie.

En descendant du grand escalier, on trouve un péristile soutenu de colonnes, avec une rampe qui enferme une piéce d'eau appellé le bassin des cygnes, au haut duquel sont cinq masques, & qui a de plus trois jets dont deux dardans. C'est *Girard* qui a donné l'idée de ce morceau. Sur la droite sont plusieurs bosquets fermés, plantés depuis quelques années, & qu'on nomme la Félicité.

En face du bassin des cygnes, est une grande allée qui conduit à la nouvelle cascade du dessein de M. *le Grand*. Elle consiste en plusieurs rampes, avec des paliers ornés d'escaliers de gazon. Sur le premier palier il y a un rond de gazon, & une figure au milieu. Sur le second est une piéce échancrée avec quatre petits bassins. Le troisiéme a une piéce d'eau arrondie, avec une gerbe dont l'eau retombe par une nappe dans une rigole. Cette dernière rampe est décorée de boules d'ormes entre-mélées de petits bassins, au nombre de huit de chaque côté.

Deux escaliers de gazon conduisent ensuite vers le Belveder, élevé par M. *Contant*, & orné d'une balustrade de pierre, d'où vous découvrez la vûe du monde la plus agréable ; la plûpart des allées du Parc y aboutissent. Il est aisé de reconnoître dans ces difpositions la main de *le Nôtre*: feu Monsieur l'y employa, & cet habile homme a tellement sû profiter de l'heureuse situation de S. Cloud, qu'il a fait disparoître la grande irrégularité du terrein.

Pour se rapprocher du Château dont nous nous sommes un peu écartés, il faut revenir sur ses pas, & remarquer d'abord dans les bois dits de la Félicité, les goulettes formées par plusieurs jets d'eau qui tombent dans une rigole de plomb; & ensuite le rocher entouré d'une rampe où est un bassin avec trois bouillons. Au-dessus est une salle de marroniers, & une autre ornée dans son milieu d'un bassin cintré & à angles, d'où s'éleve une fort belle gerbe. Il est environné de deux fossés, où il y a douze jets dans chacun formant des grilles d'eau. Plus haut on trouve une gerbe, dont le bassin sert de réservoir aux piéces d'en bas. Il y a encore un autre réservoir sur la gauche & à peu de distance.

Les grilles d'eau qu'on vient de voir font, pour ainsi dire, la clôture de l'esplanade où l'on range les Orangers aussi considérables par leur beauté que par leur nombre. Du côté de la serre est un morceau qu'on appelle le Parnaffe, formé par quelques arbres & quelques baffins dont le réfervoir eft au-deffus, ainfi que le labyrinthe.

S. Cloud.

De l'autre côté du Château, en defcendant du baffin des cygnes, eft un canal nourri par trois jets qui fourniffent en partie LA GRANDE CASCADE, dont l'effet eft auffi agréable que magnifique. Sa tête eft décorée d'un grouppe de pierre, fait par M. *Adam l'aîné*, à fon retour de Rome en 1733. C'eft la jonction de la Seine & de la Marne fous deux figures; l'une de Fleuve & l'autre de Nayade, qui ont 17 pieds de proportion. La première de ces figures eft affife fur un rocher, au-deffous duquel on apperçoit un antre d'où fort une nappe d'eau. L'autre eft un peu panchée & appuyée fur une urne, de laquelle il fort auffi une nappe, qui fe mêlant avec l'eau de la première, tombe dans la grande coquille du milieu, & fait jouer neuf nappes foutenues par des terraffes rocaillées. La figure de la Marne paroît dans une attitude fuppliante, pour obtenir que la Seine veuille bien recevoir fes eaux.

Les côtés de la cafcade font fournis par deux champignons, dont l'eau tombe en moutonnant jusqu'en bas, & qui sont accompagnés de deux rangs de chandeliers. Entre ces nappes & ces moutons, on a pratiqué sur la même ligne des escaliers entièrement couverts d'eau provenant d'un bassin où il y a deux gerbes, & séparés par deux rangs de moutons. Ces eaux réunies dans une rigole qui régne dans le bas, font jouer une vingtaine de masques dans un grand bassin bordé d'une rangée de chandeliers.

Cette partie de la cascade qu'on nomme la haute, est du dessein de *le Pautre*, & est séparée de la basse par une allée. *Jule-Hardouin Mansard* qui a raccordé cette nouvelle partie avec l'ancienne, a si bien ménagé le peu d'espace qui lui restoit, que la tête de cette cascade où il a rangé trois buffets d'eau, paroît liée avec la supérieure. Ces buffets retombent dans un grand bassin circulaire faisant nappe dans un second, celui-ci dans un troisiéme, & ce troisiéme dans un canal. Dans les intervalles, & aux extrémités il y a des dauphins & des grenouilles qui jettent une grande abondance d'eau. Le canal a six bouillons de chaque côté, & se termine à un grand ovale, avec deux gros jets dans les deux bouts. Toutes ces eaux se réunissent dans deux boulingrins où elles fournissent des rochers, du milieu desquels il sort un jet, entouré de vingt-quatre autres qui sont croisés.

Sur la droite de cette cascade est le grand jet de 90 pieds de haut, qui tombe dans un carré d'eau de près d'un arpent d'étendue. Une pyramide & deux jets placés dans un bassin au-dessus, font jouer à la tête de ce carré, le long d'une balustrade, plusieurs masques & chandeliers.

L'allée qui régne au bas de la cascade, est terminée par un parterre de gazon, avec un jet perdu, & un amphithéâtre où l'on a joué la Comédie. Les allées qui bordent la rivière de Seine, conduisent au Trianon, au potager, & aux petites cascades de Sêvres. Au bas de l'avenue de Paris on apperçoit différentes salles de verdure, & le jardin des plantes avec un laboratoire.

VERSAILLES.

VERSAILLES. Ce Château doit plus à l'Art qu'à la Nature. Ce n'étoit autrefois qu'une maison de chasse que Louis XIII. avoit fait construire. Jule-Hardouin Mansard, le Nostre, le Brun & les autres excellens Artistes que Louis XIV. y a employés, l'ont rendu le plus superbe Palais de l'Europe.

La Nature avoit refusé à Versailles une belle situation; il étoit réservé à Louis XIV. à qui rien n'a résisté, de faire heureusement disparoître ce défaut. Ce Prince s'est fait un point de vûe des plus riches & des plus magnifiques; il s'est montré plus grand en surmontant les obstacles de la nature, que s'il eût embelli un beau site.

Trois avenues à quatre rangs d'arbres chacune menent à Versailles: l'une vient de Saint Cloud, & l'autre de Sceaux. Celle du milieu qui est la plus longue & par laquelle on arrive de Paris, présente d'un côté le chenil & le logement du Grand Veneur, & de l'autre l'Hôtel du Grand Maître de la Maison du Roi. Ces trois avenues viennent se terminer à la grande place d'armes, ornée de deux superbes bâtimens décrivant une portion circulaire, & fermés d'une grille de fer, dont les ornemens sont dorés.

Le bâtiment du côté de la Chapelle s'appelle la grande Ecurie, & l'autre la petite. Le bon goût & la belle proportion de leur Architecture dûe à *Jule-Hardouin Mansard*, sont relevés par d'excellens morceaux de Sculpture. Des galeries voûtées, des cours spacieuses, des manéges couverts & découverts, distinguent infiniment ces beaux édifices unis par un accord & une symmétrie qui ne laissent rien à desirer.

L'avant-cour du Château est bordée de grands bâtimens destinés aux Ministres; lesquels se terminent à deux gros pavillons qui en retrecissent l'étendue, & séparent par une grille de fer cette avant-cour de la cour, entourée pareillement de corps de logis dont les toits sont dorés. On monte de là par cinq marches dans une plus petite cour pavée de marbre blanc & noir, d'où elle a pris le nom de cour de marbre. L'élévation de tout ce terrein en glacis, jointe à la forme des bâtimens qui diminuent de largeur à chaque cour, offre une agréable perspective. Cette façade auroit été infiniment plus belle, si Louis XIV. n'eût voulu, par respect pour son auguste père, conserver l'ancien bâtiment du fond qui a gêné dans la décoration des autres.

La Chapelle.

Quoiqu'un Poëte l'ait qualifiée de

> ... Colifichet fastueux
> Qui du peuple éblouit les yeux,
> Et dont le connoisseur se raille,

on ne peut disconvenir que sa décoration, tant extérieure qu'intérieure, ne soit belle & élégante, & que ses ornemens de Peinture & de Sculpture ne soient placés avec autant de goût que d'intelligence. Elle devoit être toute de marbre; mais la crainte de la rendre trop fraîche en a empêché l'exécution.

Cette Chapelle présente au dehors des avant-corps décorés de pilastres Corinthiens, surmontés d'une balustrade qui porte vingt-huit statues représentant les Apôtres, les Evangélistes, les Pères de l'Eglise & les Vertus Théologales.

gales. Au-deſſus de l'Attique eſt un ſocle, qui ſoûtient quantité de torchéres enflammées.

L'intérieur de cette Chapelle eſt décoré d'un ordre Corinthien. La pierre de Liais qu'on y a employée eſt d'une blancheur & d'un poli qui le diſpute au marbre.

Le Roi vient de faire décorer les Autels qui ſont dans les bas-côtés de la nef, de bas-reliefs en bronze ſculptés par les plus habiles Artiſtes de l'Académie.

Le premier à droite eſt Sainte Adélaïde qui donne des préſens, & fait ſes adieux à Saint Odillon, Abbé de Cluny, par M. *Adam l'aîné*.

Le ſecond repréſente Saint Charle, qui dans une proceſſion ſolennelle demande à Dieu la ceſſation de la peſte, qui affligeoit la ville de Milan. Il eſt de M. *Bouchardon*.

Dans le troiſiéme qui orne la Chapelle du Saint Sacrement, on voit Saint Louis qui ſert les pauvres, par M. *Slodtz le cadet*.

Le tableau de cette Chapelle peint par M. *de Silveſtre*, repréſente J. C. faiſant la Pâque avec ſes Diſciples.

Le quatriéme bas-relief eſt le mar-

I. Partie. C

tyre de Saint Philippe, par M. *La-datte*.

A la Chapelle de Saint Louis, *Jouvenet* a peint ce Saint Roi prenant soin des blessés, après sa victoire sur les ennemis du nom Chrétien près de la ville de la Massoure en Egypte.

Dans le cinquiéme bas-relief sculpté par M. *Adam le cadet*, on voit le martyre de Sainte Victoire sous l'Empereur Déce, l'an 253.

L'Autel principal, accompagné de deux Anges en adoration, est de marbre, avec beaucoup d'ornemens de bronze. Il s'éleve au-dessus une gloire Céleste, aussi en bronze, très-bien imaginée.

Seize colonnes Corinthiennes cannelées décorent la tribune qui régne au pourtour de la Chapelle. Les appuis de la balustrade des travées sont de bréche violette, & portent sur des balustres de bronze cizelés. A l'égard des petits plafonds de cette tribune, où les Apôtres sont peints, les six premiers, en commençant à droite, sont de *Boullongne le jeune*, & les neuf autres de son frére aîné.

A la Chapelle de Sainte Thérèse, *Santere* a peint cette Sainte en extase, au moment qu'un Ange lui perce le cœur d'une fléche.

La Sculpture de cette Chapelle est dûe à *le Pautre*, & le bas-relief de bronze, à M. *Vinache*, qui y a représenté la Sainte en méditation.

Les peintures de la Chapelle de la Vierge sont de *Boullongne le jeune*, & sont de ses plus belles choses. Le tableau de l'Autel qui est une Annonciation, a été gravé par Desplaces.

Le dôme représente l'Assomption ; & dans les quatre pendentifs qui le soutiennent, sont peintes sur un fond doré quatre figures symboliques des attributs que l'Eglise donne à la Sainte Vierge.

On voit dans les lunettes trois images de ses vertus, l'Amour Divin, la Pureté, & l'Humilité.

Le bas-relief de bronze placé sur le retable de l'Autel, est la Visitation ; & a été sculpté par M. *Coustou*.

Au milieu de la grande voûte paroît Dieu le Père, qui promet d'envoyer son Fils pour racheter le monde : une multitude d'Anges composent sa cour. Aux extrémités on voit deux autres grouppes de ces Esprits Célestes ; les uns por-

C ij

tent la colonne à laquelle J. C. fut attaché, & les autres la croix sur laquelle le Sauveur expira.

Dans les trumeaux de l'Attique, douze Prophétes prédisent la venue du Messie; & les quatre Evangélistes en autant de bas-reliefs, l'annoncent à toute la terre. Ces peintures sont d'*Antoine Coypel*.

Meusnier a peint l'Architecture de cette voûte, composée de trois cartouches dont les bordures & culots d'ornemens sont en camayeu brun rehaussé d'or. Le haut des croisées est orné de cartels, qui renferment des passages de l'Ancien Testament relatifs à chaque Prophéte. Ils sont entourés de têtes de Chérubins & d'autres ornemens qui soutiennent des coquilles remplies de cassolettes fumantes, avec des guirlandes qui retombent dans les embrasures des fenêtres.

Dans la voûte du chevet on voit la Résurrection de N. S. exécutée par *la Fosse*.

Jouvenet a peint au-dessus de la tribune du Roi le Saint-Esprit, sous la forme d'une colombe, qui, au milieu de plusieurs grouppes d'Anges, descend

sur les Apôtres & sur les Disciples.
Du Salon de la Chapelle on entre dans un autre nommé

LE SALON D'HERCULE.

La décoration de ce Salon a, pour ainsi dire, quelque chose de plus brillant que le reste des appartemens de Versailles. Sa corniche dorée d'or moulu porte sur vingt pilastres Corinthiens, & l'on a affecté de ne le revêtir que de marbres tirés des provinces de France.

En face de l'entrée vous appercevez un tableau de *Paul Véronèse*, dont les figures sont de grandeur naturelle. On y voit N. S. chez Simon le Pharisien, & la Madeleine à ses pieds qu'elle arrose de ses larmes. Ce tableau dont la République de Venise fit présent à Louis XIV. est entouré d'une bordure magnifique incrustée dans le marbre, & soutenue par quatre consoles de bronze doré sculptées par *Vassé*.

Sur la cheminée est un autre tableau de *Paul Véronèse*, représentant Rebecca qui reçoit les présens qu'Eliézer lui offre de la part d'Abraham.

Le Moine a peint dans le plafond à l'huile sur des toiles marouflées l'Apothéose d'Hercule, morceau qui fera toujours l'admiration des amateurs du vrai beau. C'est un des plus grands sujets de composition qu'il y ait, son ordonnance n'étant interrompue par aucun membre d'Architecture, & ayant 64 pieds de long sur 54 de large. Le plafond de la principale salle du Palais Barberin à Rome avoit été jusqu'alors regardé comme la plus grande machine que la Peinture eût produite. *

L'Ouvrage de *le Moine* est distribué en neuf grouppes composés de cent quarante-deux figures, compris les trente feintes de stuc qui portent sur la corniche. Il règne au-dessus un Attique dans les angles duquel sont quatre vertus de neuf pieds de proportion, savoir, la Force, la Constance, la Valeur & la Justice.

Les cartels sont placés dans les milieux de la corniche, & exposent les travaux d'Hercule. Ils sont couronnés d'une guirlande de feuilles de chêne que soutiennent les Génies de la Vertu. Cette guirlande est feinte de marbre blanc, ainsi que les figures qui entou-

---

* Ce plafond peint par Pierre de Cortone, représente le Triomphe de la Gloire, accompagnée des Vertus & d'autres figures allégoriques à l'Histoire d'Urbain VIII.

rent les cartels, & les Vertus qui caractérifent Hercule.

SALLE DE L'ABONDANCE.

Au plafond de cette piéce, *Houaſſe* a peint l'Abondance avec l'Immortalité, & une figure qui tient des inſtrumens propres aux beaux Arts.

SALLE DE VÉNUS.

Cette Déeſſe couronnée par les Graces paroît au plafond ſur ſon char attelé de colombes. Des Amours chargés de corbeilles de fleurs ſoutiennent des guirlandes qui environnent l'Aſſemblée des Dieux.

Dans le premier tableau des côtés du plafond, placé au-deſſus des fenêtres, Cyrus fait paſſer ſes troupes en revûe devant une Princeſſe.

Le ſecond eſt le Mariage d'Alexandre & de Roxane.

On voit dans le ſuivant Semiramis Reine des Aſſyriens faiſant élever les jardins de Babylone.

Le quatriéme repréſente Auguſte donnant au peuple le plaiſir des jeux & des courſes du Cirque.

Toutes ces peintures ont été exécutées par *Houaſſe* & autres Peintres.

Rousseau a peint sur les murs deux belles perspectives de bâtimens & de jardins.

Il y a de plus dans cette salle une statue antique, représentant *L. Quinctius Cincinnatus* qui quitte la charrue, pour aller commander l'armée Romaine.

Salle du Billard.

Le plafond de cette salle est peint par *Blanchard*. La Lune sous la figure de Diane, est sur un char tiré par deux Biches & accompagné des Heures.

Les sujets des autres tableaux sont

Auguste qui envoie une colonie à Carthage.

Cyrus attaquant un sanglier.

Jason avec les Argonautes, qui aborde à Colchos, pour la conquête de la Toison d'or.

Alexandre à la chasse du lion. Les deux premiers sont d'*Audran*, & les deux autres de *la Fosse*.

Ce dernier a peint sur la cheminée le Sacrifice d'Iphigenie, qui est un très-beau morceau.

Au-dessous est un petit bas-relief en marbre représentant la Fuite en Egypte ; il est de *Sarazin*.

Vis-à-vis on voit l'Ange Gardien, du *Feti*, gravé par Nicolas Dupuis.

En face des fenêtres est le buste de Louis XIV. par *le Bernin*: il est placé dans un enfoncement sur un piédouche avec des ornemens de bronze, & couronné par deux enfans aîlés.

Cette salle est encore décorée de huit bustes d'Empereurs & d'Impératrices dont les têtes sont de marbre ou de porphyre, & les draperies d'albâtre Oriental.

SALLE DE MARS.

Claude Audran a peint le Dieu de la Guerre au milieu du plafond, sur son char tiré par des loups.

Deux autres tableaux l'accompagnent. L'un est de *Houasse*, & représente la Terreur, la Crainte, la Fureur & l'Epouvante qui, à l'arrivée de Mars, semblent étonner les Puissances de la terre.

L'autre dû à *Jouvenet*, est la Gloire soutenue par Hercule, & accompagnée de la Félicité, de l'Abondance & de la Paix, & de Génies qui portent des couronnes & des branches de laurier.

Au-dessous de ces trois tableaux on a

feint un Atrique, où des enfans paroissent s'armer & s'instruire des exercices militaires. Ces frises sont interrompues par six camayeux rehaussés d'or.

Vis-à-vis des fenêtres est César qui harangue ses soldats avant le combat.

Au-dessus des croisées, Marc-Antoine récompense les services d'un de ses Officiers. Ces deux morceaux sont de *Jouvenet*.

Dans le troisiéme on voit Alexandre Sévére qui casse une légion à la tête de l'armée Romaine.

Le triomphe de Constantin est représenté dans le quatriéme, du côté de l'appartement du Roi. Ces deux sujets sont de *Houasse*.

Les deux derniers ont été peints par *Audran*. L'un est Cyrus qui fait la revûe de son armée.

L'autre représente Démétrius Poliorcete (c'est-à-dire le preneur de villes) qui fait monter ses troupes à l'assaut.

On voit dans cette salle les portraits en pied du Roi & de la Reine, le premier peint par *Rigaud*, & gravé par Drevet le pére, le second peint par M. *Carle Vanloo*. Les Amateurs connoisfent le talent fupérieur des Peintres d'hiftoire pour faire le portrait.

Deux excellens tableaux décorent cette falle. L'un eft de *Paul Véronèfe*, & repréfente les Pélerins d'Emmaüs : il eft gravé par Thomaffin. L'autre peint par *le Brun*, fait voir la famille de Darius aux pieds d'Alexandre. Ce dernier a été gravé trois fois, favoir, par Edelinck, Benoît Audran, & Sébaftien le Clerc.

Salle de Mercure.

Le plafond repréfente Mercure fur un char tiré par deux Coqs. La Vigilance eft à côté du char, précédé par le Point du jour, que les Génies des Sciences & des Arts accompagnent.

Aux quatre faces de ce plafond il y a quatre tableaux. Dans celui qui eft au-deffus des fenêtres, Alexandre fait apporter des Animaux étrangers, afin qu'Ariftote en faffe l'hiftoire.

Du côté de la falle de Mars il donne audience aux Philofophes Indiens.

En face des fenêtres Ptolomée Philadelphe s'entretient avec des Savans dans fa fameufe Bibliothéque.

Le dernier repréfente Augufte recevant une ambaffade de nations Barbares. Ces peintures font de *Champagne.*

On voit dans cette piéce deux superbes tableaux de *Raphaël.* L'un eſt la Sainte Famille, gravée par Gérard Edelinck. L'autre eſt *S. Michel* victorieux du Démon: Gille Rouſſelet & enſuite Nicolas Larmeſſin l'ont gravé. Le Sieur Picaut vient par ſon admirable ſecret de rendre aux empreſſemens des Amateurs ce dernier tableau peint ſur bois, en le tranſportant ſur toile.

Sur les portes on remarque la Charité par *Blanchard*, qu'a gravé Pierre Daret; & une Bohémienne qui dit la bonne aventure à un Cavalier, peinte par *le Caravage*, & gravée dans le recueil de Crozat par Benoît Audran.

La pendule eſt une piéce curieuſe. Toutes les fois que l'heure doit ſonner, on voit s'ouvrir les portes d'un petit Temple, & il en ſort la figure pédeſtre de Louis XIV. couronnée par un Ange, & ſemblable à celle de la place des Victoires; on entend un joli carillon, après lequel deux Amours frappent l'heure avec une petite baguette. La porte du Temple ſe referme enſuite de la même manière qu'on l'a vûe s'ouvrir.

SALLE DU TRÔNE.

Les tableaux placés au-dessus de la corniche, représentent Auguste qui fait construire le port de Miséne, Vespasien qui fait élever le Colisée, Coriolan fléchi par sa mére, & Alexandre qui rend à Porus ses Etats.

Huit figures de femmes en relief placées aux extrémités de ces tableaux, soutiennent une bordure ronde, d'où pendent des festons. Au milieu est Apollon accompagné des Saisons, & des figures de la France, de la Magnanimité & de la Magnificence. On voit dans les angles les quatre Parties du monde où la Renommée publie la gloire de Louis le Grand. Toutes ces peintures sont de *la Fosse*.

Sur la cheminée est le portrait de Louis XIV. en pied, & revêtu de ses habits royaux. Il est peint par *Rigaud* & gravé par Drevet.

SALON DE LA GUERRE.

Il y a cinq tableaux dans la voûte. Le plus grand représente la France portée sur un nuage, tenant d'une main la foudre, & de l'autre un bouclier sur lequel est le portrait du Roi.

Plusieurs Victoires volent devant elle.

Les quatre tableaux qui occupent les cintres, représentent l'Espagne qui semble menacer la France, la Hollande renversée sur son lion, Bellone en fureur prête à s'élancer de son char, & l'Allemagne regardant la Victoire avec épouvante. Ces belles peintures, celles de la galerie, & du salon de la Paix qui suivent, sont dûes au génie du fameux *le Brun.*

Tous les ornemens de ce Salon offrent aux yeux les attributs de Bellone; on ne voit dans la frise & au-dessus des portes que trophées, que boucliers, & que foudres.

Sur le chambranle d'une cheminée feinte est un grand bas-relief ovale dans une bordure de marbre, représentant Louis XIV. à cheval.

L'Histoire accompagnée de Génies & écrivant la vie de ce Prince, est placée dans l'ouverture feinte de cette cheminée. Ce bas-relief n'est qu'un modéle fait par *des Jardins.*

Sur des scabellons sont élevés six bustes d'Empereurs, dont les têtes sont de porphyre & les draperies de bronze doré.

Ce Salon & celui de la Paix termihent noblement la Galerie à qui ils ſervent d'entrée par une grande arcade.

LA GRANDE GALERIE.

Avant d'examiner les figures, les Sculptures, & l'Architecture de cette Galerie qui eſt un ouvrage unique en ſon genre, il faut regarder les peintures de ſa voûte. *Le Brun* y a repréſenté ſous des figures ſymboliques & de ſavantes allégories une partie de l'hiſtoire de Louis le Grand, depuis 1661. qu'il prit les rênes du gouvernement, juſqu'en l'année 1678. que ſe fit la paix de Nimegue. Cette hiſtoire eſt diviſée en neuf grands tableaux & dix huit petits, qui tous font admirer l'élevation & la fécondité du génie qui a produit ces belles idées. Ils ſont diſtribués dans des compartimens accompagnés d'une belle Architecture feinte, & ſoutenue par des termes de bronze doré. Les Génies des Sciences & des Arts y paroiſſent occupés à décorer ce ſuperbe lieu de tapis & de guirlandes.

Le grand tableau occupe le milieu de la voûte. Voici l'inſcription de la première partie:

VERSAILLES.

Le Roi prend lui-même la conduite de ses Etats, & se donne tout entier aux affaires. 1661.

Ce Prince est assis sur un trône que les Graces, les Jeux & les Plaisirs environnent ; la Tranquillité est à ses pieds, & toutes les Divinités sont assemblées pour favoriser l'entreprise du jeune Monarque.

L'inscription de la seconde partie de ce tableau est

L'ancien orgueil des Puissances voisines de la France.

On y voit l'Allemagne, l'Espagne & la Hollande. Celle-ci fait connoître son empire sur la mer par un trident & une chaîne à laquelle Thétis est attachée.

Une grande étendue de ciel sépare ces deux sujets. Mercure y paroît seul, comme pour annoncer à l'Univers la résolution du Roi, nonobstant les oppositions des Puissances.

Le second tableau est du côté des fenêtres & à gauche du plus grand. En voici l'inscription :

Résolution prise de faire la guerre aux Hollandois. 1671.

En vain Minerve expose-t-elle aux yeux du Roi sur un morceau de tapis-

serie les malheurs de la guerre ; la Juſtice décide qu'il convient de l'entre-
prendre.

Le troiſiéme tableau eſt à droite du
grand & au-deſſus des fenêtres. Son
inſcription eſt

Le Roi arme ſur mer & ſur terre.
1672.

Le quatriéme eſt au-deſſus des glaces, & à gauche du grand tableau,
avec cette inſcription :

*Le Roi donne ſes ordres pour attaquer
en même tems quatre des plus fortes Places
de la Hollande.* 1672.

Le Roi tient un conſeil de guerre
avec Monſieur, le Prince de Condé &
le Vicomte de Turenne. Minerve & l'A-
mour de la gloire lui préſentent un plan,
où ſe liſent les noms des quatre villes
dont la priſe doit ouvrir la campagne.

Un tableau des plus frappans eſt le
cinquiéme qui occupe la largeur de
la voûte. Le Peintre y a repréſenté le

*Paſſage du Rhin en préſence des enne-
mis.* 1672.

Une femme tenant une épée & qui
tombe, indique la priſe de Maſtrik.
On lit au-deſſous cette inſcription :

Priſe de Maſtrik en treize jours.
1673.

VERSAILLES.

Le sixiéme placé au-dessus du salon de la Guerre a pour inscription

Ligue de l'Allemagne & de l'Espagne avec la Hollande. 1672.

Cette ligue est représentée par trois femmes qu'animent la Crainte, la Frayeur, & la Jalousie.

Le septiéme tableau est au-dessus des glaces, avec l'inscription suivante :

La Franche-Comté soumise pour la seconde fois. 1674.

Le Roi sous la figure d'Hercule, se rend maître de la citadelle de Besançon. Ce tableau, le seul qui fut alors gravé par Charle Simonneau, est un chef-d'œuvre de l'Art.

Le huitiéme occupe toute la voûte. Voici l'inscription de sa première partie :

Prise de la ville & de la citadelle de Gand, en six jours. 1678.

L'autre partie de ce tableau présente les suites de cette victoire. On y lit cette inscription :

Les mesures des Espagnols rompues par la prise de Gand.

Le neuviéme est sur l'arcade du salon de la Paix, & porte cette inscription :

La Hollande accepte la paix, & se dé-

tache de l'Allemagne & de l'Espagne.
1678.

L'Aigle de l'Empire veut retenir la Hollande par sa robe; mais elle court au-devant de Mercure & de la Paix.

Les dix-huit petits tableaux qui restent à examiner, ont également rapport à l'histoire de Louis XIV.

Le premier est à la clef de la voûte, avec cette inscription:

Soulagement du peuple pendant la famine. 1662.

Le second du côté des glaces, a pour inscription:

La Hollande secourue contre l'Evêque de Munster. 1665.

La France armée se jette entre deux Amazones, qui désignent l'Evêque de Munster & la Hollande.

Le troisiéme tableau est placé du côté des fenêtres, avec cette inscription:

Réparation de l'attentat des Corses. 1664.

Cette réparation est ici exprimée par la France, accompagnée de la Force qui déploie un papier sur lequel est le dessein de la pyramide élevée alors, & par la ville de Rome qui se soumet aux conditions qu'on lui prescrit.

Le quatriéme est à la clef de la voûte, & représente

La fureur des Duels arrêtée.

Le cinquiéme est du côté des glaces, avec cette inscription :

Défaite des Turcs en Hongrie par les troupes du Roi. 1664.

Le sixiéme qui est du côté des croisées, a pour inscription :

La prééminence de la France reconnue par l'Espagne. 1662.

L'Espagne a un air fort soumis, & son lion est prosterné aux pieds de la France.

Le septiéme est à la clef de la voûte. Voici son inscription :

Guerre contre l'Espagne pour les droits de la Reine. 1667.

Le Roi paroît prêt à marcher, précédé de Mars & de la Renommée qui tient les manifestes faits pour les droits de Sa Majesté.

Le huitiéme est du côté des glaces, & porte cette inscription :

Rétablissement de la Navigation. 1663.

Le neuviéme est du côté des fenêtres, & a pour inscription :

Réformation de la Justice. 1667.

Des Juges reçoivent du Roi l'ordonnance Civile de 1667. La Chicane renversée sous le trône dévore des sacs de papier.

Le dixiéme est placé à la clef de la voûte, avec cette inscription :

Paix faite à Aix-la-Chapelle. 1668.

L'Espagne reçoit des mains du Roi une branche d'olivier. La Franche-Comté paroît affligée de ce qu'elle cesse d'être à la France.

Le onziéme tableau est du côté des glaces, son inscription est :

L'Ordre rétabli dans les Finances. 1662.

Minerve poursuit les Partisans figurés par des Harpies, qui en s'enfuyant laissent tomber des sacs pleins d'argent.

Le douziéme est du côté des fenêtres, avec cette inscription :

Protection accordée aux beaux Arts. 1663.

L'Eloquence suivie des Arts & des Sciences, remercie Sa Majesté de la glorieuse protection qu'elle leur a accordée.

Le treiziéme est à la clef de la voûte, & a pour inscription :

Acquisition de Dunkerque. 1662.

Le quatorziéme est du côté des glaces. Voici son inscription :

VERSAILLES.

Etablissement de l'Hôtel Royal des Invalides. 1674.

Le quinziéme est du côté des fenêtres, avec cette inscription :

Ambassades envoyées des extrémités de la terre.

Le seiziéme est à la clef de la voûte. Il représente

La Police & la Sureté rétablie dans Paris. 1665.

Le dix-septiéme est du côté des miroirs ; son inscription est

Le renouvellement d'alliance avec les Suisses. 1663.

Le dix-huitiéme est du côté des croisées, & représente

La jonction des deux Mers.

Neptune & Thétis se donnent la main. La Baleine qui est auprès de Neptune est le symbole de l'Océan, comme le dauphin & la rame celui de la Méditerranée.

Cette Galerie a 37 toises & un pied de longueur en dedans, sur cinq toises deux pieds de largeur, sans parler de ses deux salons avec lesquels elle occupe toute la façade de l'avant-corps du château du côté des jardins. Elle est éclairée par dix-sept fenêtres cintrées, qui répondent à autant d'arcades remplies de glaces. Son Architecture & celle des appartemens est dûe à l'illustre le Brun, qui a même donné les desseins des menuiseries & des serrures. Elle consiste en quarante huit pilastres de marbre, disposés dans les intervalles des arcades, & dont les chapiteaux & les bases sont de bronze doré. C'est un sixiéme Ordre d'Architecture, nommé l'ordre François, * que le Brun a inventé, & qui a des coqs, des soleils & des fleurs de lys dans son chapiteau. L'entablement est enrichi de Sculptures, qui représentent des chiffres & des devises de Louis XIV, des couronnes royales, & des coliers des Ordres de Saint Michel & du Saint Esprit. Sur la corniche sont rangés des trophées, auxquels des enfans attachent des guirlandes de fleurs. La moitié de ces Sculptures est de *Coyzevox*.

Quatre colonnes placées en dedans de la Galerie embellissent ses entrées, & sont accompagnées de huit pilastres separés par des piédestaux qui soutiennent quatre statues antiques de marbre. Celles du côté du salon de la Guerre sont Bacchus, & la Vénus d'Arles, ainsi nommée parce qu'elle fut trou-

* Cet Ordre a été gravé par le Clerc.

vée dans cette ville en 1651. Elles sont gravées par Mellan. Aux côtés de l'arcade par laquelle on entre dans le salon de la Paix on voit une Vestale, & la Muse Uranie, toutes restaurées par *Girardon*.

Vers le milieu de cette Galerie il y a quatre autres figures antiques, placées dans des niches. D'un côté c'est Germanicus, fait par *Alcaméne*, & une Vénus. De l'autre on remarque une figure de marbre de Paros, représentant la Déesse de la Pudicité, & Diane la Chasseresse. Cette dernière a été très-bien gravée par Mellan.

Les autres ornemens de cette magnifique piéce sont des bustes antiques, des tables d'Albâtre ou d'Agathe, & quantité de vases de Porphyre & d'Albâtre Oriental.

Salon de la Paix.

Dans la coupe de ce Salon qui fait aujourd'hui partie de l'appartement de la Reine, la France est représentée assise dans un char d'argent sur un globe d'azur. La Gloire est au-dessus, & la Paix tenant un caducée semble partir pour exécuter ses ordres.

On voit dans les quatre cintres de ce

ce Salon l'Europe tranquille, ayant à ses pieds les dépouilles de l'Empire Ottoman, la Hollande qui reçoit des branches d'olivier qu'un Amour lui apporte, l'Espagne qui attend le même signe de Paix, & l'Allemagne remerciant le Ciel des victoires qu'elle a remportées sur les Turcs.

La corniche de ce Salon offre des objets bien différens de celui de la Guerre. On n'y voit que des branches d'olivier, des épis de blé & des couronnes de fleurs. Sur les portes sont des vases & des enfans qui tiennent des festons; & au-dessus il y a des têtes de Muses & des trophées d'instrumens de Musique. Les angles présentent des lyres surmontées de couronnes, entre deux caducées & deux cornes d'abondance.

On a posé sur la cheminée un grand tableau allégorique de forme ovale, qui a pour sujet, le Roi donnant la paix à l'Europe. Il est peint par *le Moine*, & Cars l'a gravé.

Ce Salon est orné de six têtes antiques de porphyre, qui représentent des Empereurs. Elles sont montées en buste, avec des draperies de bronze doré qui sont de *Girardon*.

On n'avoit point encore gravé ces

I. Partie. D

salons ni la galerie. M. *Massé* distingué par ses talens pour la gravûre & la miniature, vient d'achever cette grande entreprise, dont le projet fut conçu dès 1723. Les Amateurs ne peuvent qu'applaudir à cette suite d'estampes composée de 55 sujets, & exécutée par les plus habiles graveurs du Royaume *, d'après ses desseins & sous sa conduite.

Appartement de la Reine.

Du Salon de la Paix on entre dans la chambre de la Reine, dont toutes les peintures sont de *de Seve l'aîné*. On voit au plafond le Soleil qui éclaire les quatre Parties du monde, désignées par différentes figures de femmes. L'Aurore répand des fleurs au lever du Soleil. Des douze jeunes filles qui représentent les Heures, quelques-unes le suivent, d'autres attèlent ses chevaux à son char.

Dans le premier tableau qui fait face aux croisées, est le fameux repas de Marc-Antoine & de Cléopâtre,

---

* Il suffit de nommer les Sieurs Simonneau, Audran, Tardieu Père & Fils, les Dupuis, Ravenet, Thomassin, Desplaces, Beauvais, Will, Preisler, Surugue, Cars, Cochin fils, Soubeiran, Lépicié, du Flos, Aveline, Sornique.

durant lequel cette Princesse fit dissoudre une perle de grand prix qu'elle avala.

Le second représente Didon, donnant ses ordres pour la construction de Carthage.

Dans le troisiéme est la Reine Rhodope : plusieurs femmes qui l'environnent regardent la pyramide qu'elle fit, dit-on, élever en Egypte, n'étant que courtisanne.

Le quatriéme fait voir Nitoctis, Reine d'Assyrie, appuyée sur une des femmes de sa suite, qui lui montre le pont qu'on acheve de construire sur l'Euphrate.

Au plafond de la salle qui suit, Mercure répand des influences sur les Sciences & les Arts, dont il est l'inventeur. Des figures allégoriques expriment l'Etude & la Vigilance. Sapho est au-dessus de la cheminée ; & vis-à-vis, Aspasie s'entretient avec des Philosophes. La Peinture est représentée au-dessus des fenêtres, & en face l'enelope. Ces tableaux sont de *Michel Corneille.*

Sur la cheminée, *Charle Coypel* a peint la France rendant graces au Ciel de la guérison du Roi. Surugue le fils l'a gravé.

Les trophées de Musique & des Arts qui ornent le dessus des portes, sont de *Mlle de Boullongne*.

On voit au plafond de l'Antichambre, Mars assis sur son char tiré par des loups, & couronné par la Victoire. Plusieurs Vertus militaires l'accompagnent ; des Renommées le précédent, & Bellone poursuit plusieurs monstres devant lui. Ce morceau est de *Vignon*.

Sur la corniche sont six grands bas-reliefs, feints en bronze.

Au-dessus de la cheminée, Rodogune à sa toilette, ayant les cheveux épars, s'arme en diligence pour faire rentrer des rébelles dans le devoir, par *Vignon*.

A l'autre bout on voit Hypsicratée, femme de Mithridate, suivie d'une nombreuse armée, par *Paillet*.

Les deux tableaux placés au-dessus des croisées, sont Clélie à cheval avec ses compagnes, & Harpalice fille de Lycurgue, qui délivre son père que les Gétes emmenoient prisonnier. Le premier est de *Paillet*, le second de *Vignon*.

Les deux bas-reliefs feints qui sont à l'opposite, représentent Artémise,

Reine de Carie, qui combat contre les Grecs sur les vaisseaux de Xerxès; & Zénobie qui au milieu d'une bataille, attaque elle-même l'Empereur Aurélien pour lui disputer l'empire du monde. Ils sont tous deux peints par *Paillet*.

La salle des Gardes qui servent auprès de la Reine, est la dernière piéce de cet appartement. Elle est pavée & lambrissée de marbre.

Au milieu du plafond, est Jupiter sur un char d'argent attelé de deux aigles. Quatre jeunes enfans qui volent autour de lui, expriment les satellites de Jupiter, dont la planette est désignée par une belle femme.

Les quatre autres tableaux de ce plafond sont allégoriques à quelques actions de justice & de pieté de Louis XIV.

Le premier représente l'Empereur Sévére, qui durant une famine fait distribuer du blé au peuple de Rome.

Dans le second, Ptolomée-Philadelphe ordonne le rachat de tous les esclaves Juifs répandus dans ses Etats.

Le troisiéme est Trajan, qui reçoit les requêtes & les placets de ses peuples.

D iij

On voit dans le dernier, Solon qui prouve aux Athéniens l'équité de ses Loix.

Le Peintre a feint sur la corniche de cette salle une espéce de galerie remplie de figures. Dans les encoignures s'élevent quatre obélisques chargés de palmes, & ornés de figures feintes en bronze.

Au-dessous sont deux tableaux dans des bordures de marbre ; savoir, la Naissance de Jupiter, & un Sacrifice offert à ce Dieu par des Vierges sur le mont Ida. Toutes ces peintures sont de *Noël Coypel*.

APPARTEMENT DU ROI.

De l'appartement de la Reine on passe dans celui du Roi, par le palier d'un grand escalier de marbre.

Sur la cheminée de la salle des Gardes, *Parrocel le père* a peint un combat, dans lequel des Gardes du Roi terrassent quelques Cavaliers avec des lances.

Dix batailles, peintes par le même, ornent les lambris de la salle suivante, où le Roi mange à son grand couvert.

Le tableau de la cheminée est du

Bourguignon, & représente la bataille d'Arbelles.

On remarque dans l'antichambre du Roi une frise rampante, surmontée d'une mosaïque où sont des jeux d'enfans.

Sur les portes, aux côtés de la cheminée, sont deux tableaux du *Bassan*.

On voit une Fuite en Egypte, de *Horace Gentileschi*, sur la corniche qui est au-dessus de la cheminée.

Trois tableaux de *Paul Véronèse* décorent cette piéce ; savoir, Esther, Bethsabée & Judith.

Deux autres morceaux du même Peintre sont placés sur les portes qui communiquent à la salle du grand couvert. Ils représentent l'Adoration des Bergers, & N. S. mis au tombeau.

La piéce d'après est la chambre du lit de parade de Sa Majesté. Les tableaux qu'on y voit, sont David, du *Dominiquin* ; Saint Jean dans l'île de Pathmos, par *Raphaël* ; & les quatre Evangélistes du *Valentin*, gravés par Rousselet.

On voit dans la salle du Conseil un beau buste de Scipion l'Africain, de bronze antique, ayant les yeux d'argent : *Couston le jeune* y a mis une draperie de marbre d'une grande délicatesse.

La chambre du Roi offre deux portraits de la main de *Vandyck* ; celui du Marquis d'Aytonne, gravé par Vosterman, & celui de ce fameux Peintre. Elle est suivie d'un cabinet ovale dont les lambris sont dorés. On vient d'y placer une nouvelle pendule qui a sept pieds de hauteur. Elle marque par une équation simple & ingénieuse, le tems moyen & le tems vrai. Elle indique aussi le nom & le quantiéme du mois, ainsi que le jour de la semaine. Le pendule bat les secondes, & est toujours de la même longueur, par le moyen d'une compensation renfermée dans la lentille. Une aiguille que porte le pendule, fait de plus appercevoir l'effet du froid & du chaud sur les métaux. Cette piéce est terminée par une sphére renfermée dans un globe de glace. Les planettes y font leur révolution. M. Passement, Ingénieur du Roi, est Auteur de cette méchanique.

Ce cabinet est suivi de plusieurs petites piéces, dont une renferme les pierres gravées. Cette superbe collection que François I. a commencé à former, présente des exemples de la manière de graver des Egyptiens & des Etrufques*. Le spectateur peut y comparer la gravûre Grecque avec la Romaine; & à la vûe des ouvrages des Artistes du dernier siécle, apprendre à en connoître le caractère. La fameuse Cornaline représentant une vendange, & connue sous le nom de Cachet de Michel-Ange, est un morceau unique, & le plus curieux du cabinet du Roi.

LES PETITS APPARTEMENS

Sont pratiqués dans l'Attique des bâtimens qui environnent la petite cour. On ne les voit que durant les différens voyages de S. M. Un escalier dérobé y conduit, au sortir de la chambre où le Roi couche ordinairement. Ces appartemens qui sont une agréable retraite pour S. M. quand Elle veut être en particulier, consistent en une salle de jeu, boisée, avec des fleurs peintes sur un fond bleu & blanc, salles à manger, piéce pour le buffet, & une autre pour le tour. Celle-ci est ornée de deux tableaux, peints par *de Troy fils* & *Lancret*, représentant, l'un, des

---

* Les plus beaux morceaux de cette collection ont été gravés d'après les desseins de M. Bouchardon, par les soins de M. Mariette, qui y a joint des explications & des remarques très curieuses.

D v

personnes qui mangent des huîtres, l'autre, une collation servie dans un jardin.

On entre ensuite dans une galerie boisée, & ornée de glaces en face des croisées. Les tableaux placés dans les trumeaux offrent différentes chasses, en usage dans les pays étrangers. L'un est une chasse aux taureaux, de *Parrocel*; un autre, aux léopards, par *Lancret*; le troisième, une chasse aux lions, par *de Troy*; le quatrième, à l'ours, par M. *Carle Vanloo*; le cinquième est une chasse à l'autruche, par le même; le sixième, aux tigres, par M. *Boucher*. Celle aux éléphans est de *Parrocel*; & celle du crocodile, de M. *Boucher*. Il y a de plein pied un petit appartement à coucher.

Le second étage est composé d'un appartement des bains, & d'une bibliothéque décorée d'une belle menuiserie, sculptée par *du Goulon* & *Rormié*. Les armoires ont des glaces qui laissent voir les titres des livres, tous reliés en maroquin aux armes du Roi. Au bout est un corridor, avec des studioles garnies de petits livres, & surmontées de huit cadres, dont quatre sont remplis de tables chronologiques écrites à la main, & ornées de miniatures, peintes par le sieur *Pieche*. En tirant un cordon à chaque table, on fait descendre des cartes de Géographie, qui remontent ensuite par des stores.

Les cuisines sont au-dessus, & on voit le jardin à niveau de cet appartement, lequel consiste en deux larges ruelles en équerre, tournantes sur les toits & couvertes de plomb. On y a pratiqué des plate-bandes de fleurs, avec des cercles de fer pour soutenir de petites caisses d'orangers. Il y a aussi une volière & un laboratoire, qui servoit au dessein, à l'imprimerie, & aux expériences de Physique.

APPARTEMENS
DE M. ET DE Me. LA DAUPHINE.

Dans l'appartement de M. le Dauphin, on remarque deux dessus de porte, peints par M. *Natoire*. L'un est le songe de Télémaque, au moment que Vénus lui apparoît ; l'autre, Télémaque dans l'île de Calypso, badinant avec l'Amour sous la figure d'un enfant. M. *Pierre* y a aussi placé deux tableaux de sa composition ; savoir, Junon qui demande à Vénus sa ceinture, & Junon qui trompe Jupiter avec cette ceinture.

On voit deux sujets de l'histoire de Psyché dans l'appartement de Me. la Dauphine. Le premier représente le moment où elle fuit la colére de Vénus, & qu'elle monte à la roche du vieillard, dont les filles gardoient quelques chévres, en faisant de petits paniers de jonc. Le second est Psyché qui se jette aux pieds de Vénus, lorsqu'elle est à sa toilette, pour lui demander grace d'avoir été aimée de son fils. Ces deux morceaux sont de M. *Restout*.

Pour les cabinets intérieurs de M. & de Me. la Dauphine, M. *Oudry* a peint six tableaux représentant des fables de la Fontaine.

Les deux Chévres.
La Lice & sa compagne.
Le Cerf qui se mire dans l'eau.
Le Loup & l'Agneau.
Les deux Chiens & l'Ane flottant.
Le Renard & la Cigogne.

LE PETIT PARC.

Le Château de Versailles, du côté des jardins, offre aux yeux une façade qui n'a point sa pareille dans le monde, pour l'étendue & la magni-

DES ENVIRONS DE PARIS. 85

ficence. *J. H. Manfard* l'a décorée de toutes les richesses de l'Architecture & de la Sculpture. Elle est composée de trois grands corps de bâtimens : celui du milieu avance de plus de quarante toises dans les jardins, & en a pour le moins cinquante de face. Les deux autres, appellés les aîles, ont chacun près de quatre-vingt toises. Toutes les clefs des arcades sont ornées de têtes d'hommes ou de femmes ; & celles des fenêtres du premier étage sont embellies de dépouilles de lions, & d'autres ornemens de Sculpture.

[marginalia: VERSAILLES. Le parc et les jardins de Versailles se couvrent actuellement (1775) et probablement la plus grande partie des bosquets sera détruit]

Le corps de bâtiment du milieu, qui est en quelque sorte la principale face du Château, regarde le parterre d'eau, & a trois avant-corps décorés de colonnes Ioniques qui portent douze figures représentant les mois de l'année. Le même Ordre en pilastres régne derrière les colonnes, & entre chaque croisée.

L'aîle de l'appartement des bains a pareillement trois avant-corps ornés de statues, ainsi que celle qui renferme l'appartement de M. le Duc d'Orléans.

L'aîle des Princes, & celle qui est du côté de la Chapelle, présentent quantité de statues représentant des Divinités, des Vertus, & des Arts.

Au-dessus du premier étage de cette magnifique façade, règne un Attique couronné d'une balustrade à l'Italienne. Cette balustrade est interrompue de tems en tems par des piédestaux, qui portent des trophées à l'aplomb des pilastres accouplés, des angles, & des avant-corps; & des vases seulement au-dessus des pilastres simples, placés entre les trumeaux.

On voit sur le grand perron quatre statues de bronze adossées à la face du Château; savoir, Silène, Antinoüs, Apollon & Bacchus: elles ont été fondues par les *Kellers*, d'après l'Antique.

Aux angles de ce perron, sont deux beaux vases de marbre, ornés chacun d'un bas-relief. Celui de la droite, sculpté par *Coyzevox*, représente la victoire que les Impériaux durent au secours que S. M. envoya en Hongrie en 1664; & la soumission que l'Espagne fit à la France, au sujet de l'insulte faite à Londres à son Ambassadeur. Celui de la gauche offre les conquêtes que le Roi fit en Flandres pour les droits de la Reine en 1667, & est l'ouvrage de *Tuby*.

Le Parterre d'Eau.

Les jardins ont été plantés par le fameux *le Nostre*, cet heureux génie qu'on peut regarder comme le créateur de l'art du jardinage. Les détails en sont aussi agréables que variés, les effets des eaux en sont admirables, & les figures y sont prodiguées.

Ce parterre est formé de deux piéces d'eau, bordées de tablettes moulées de marbre blanc, qui ont dans leur milieu une gerbe entourée de jets dardans, qu'on nomme la couronne. Ces piéces sont ornées dans leur pourtour de seize figures de fleuves & de rivières, modelées par d'habiles sculpteurs, & fondues par les *Kellers*. Il y a de plus huit grouppes d'enfans du même métal.

Aux deux angles de cette grande terrasse, on apperçoit deux bassins carrés, engagés dans les palissades. L'un est la fontaine de Diane, & l'autre celle du Point du jour. D'un bassin élevé il sort une gerbe qui retombe en nappe dans un bassin plus bas ; & sur l'appui de marbre sont des grouppes d'animaux de bronze, qui jettent de l'eau.

A la fontaine de Diane, qui est à droite, il y a un lion terrassant un loup, & un lion qui combat un sanglier : le premier est de *Vancléve*, & le second de *Raon*.

Les figures de la fontaine du Point du jour, sont un tigre qui terrasse un ours, & un limier qui terrasse un cerf. Ces deux grouppes ont été modelés par *Houzeau*.

BASSIN DE LATONE.

On descend par un magnifique escalier, & par deux rampes de gazon, ornées de quatorze vases de marbre d'après l'Antique, dans une demi-lune où est le bassin de Latone.

Du milieu de ce bassin s'éleve le grouppe de Latone, qu'on voit avec ses enfans dans l'attitude de se plaindre à Jupiter des paysans de Lycie. Elle est placée sur plusieurs gradins de marbre rouge, & ces paysans sont métamorphosés en grenouilles de plomb bronzé. Il sort de ce bassin deux gerbes de treize pieds de haut, & soixante-quatorze jets, la plûpart croisés ; & sur les bords il y a quantité de grenouilles qui jettent de l'eau. Ces figures sont de

Marsy, & ont été gravées par G. Edelinck.

Au-dessous du bassin de Latone est un parterre de gazon comparti, qui renferme deux bassins, d'où sort une gerbe. On les appelle les bassins des lézards.

Avant de s'engager plus avant dans le Parc, il faut revenir sur ses pas à la fontaine du Point du jour, pour examiner les figures de marbre placées le long des palissades, d'ici au grand canal. En commençant à gauche, on trouve :

L'Eau, par *le Gros*, d'après le dessein de le Brun, ainsi que les quatre figures suivantes.

Le Printems, par *Magnier*.

Le Point du jour, par *Marsy*.

Le Poëme Lyrique, par *Tuby*.

Le Feu, par *Dossier*.

Tiridate Roi d'Arménie, par *André*, d'après l'Antique, ainsi que les sept statues qui suivent.

Vénus aux belles fesses, par *Clerion*.

Silène, tenant Bacchus entre ses bras, par *Maziere*.

Antinoüs, par *le Gros*.

Mercure, par *Melo*.

VERSAILLES.

Uranie, par *Carlier*.

Apollon Pythien, par *Mazeline*.

Le Gladiateur mourant, par *Mosnier*.

Cinq Termes, qui repréſentent :
Circé, par *Magnier*.

Platon, tenant le médaillon de Socrate ſon maître, par *Rayol*.

Mercure, par *Vancléve*.

Pandore, par *le Gros*, d'après le deſſein de Mignard.

Le fleuve Acheloüis, par *Maziere*.

Un grouppe de Caſtor & Pollux, copié par *Coyzevox* d'après un marbre Romain antique.

Un Vaſe orné de fleurs, par *Herpin*.

Les figures des deux côtés de la grande allée, ſont :

Milon Crotoniate, fameux athlete dévoré par un lion.

Perſée qui délivre Andromède. Ces deux grouppes ſont des chef-d'œuvres de *Puget*.

Un Vaſe orné de fleurs de lys, par *Herpin*.

Un autre de même deſſein, par *Poultier*.

La Fidélité, par *le Fevre*.

La Fourberie, par *le Comte*, d'après le deſſein de Mignard.

Vénus sortant du bain, par *le Gros*, d'après le torse qui est à Richelieu.

Jupiter tonnant, figure antique.

Un Vase orné de cornes d'abondance, par *Ruyol*.

Un autre pareil, par *Barrois*.

Un Vase entouré de pampres de lierre, par *Melo*.

Son pendant, par *Drouilly*.

Un Faune portant un chevreuil, d'après l'Antique, par *Flamen*.

L'Empereur Commode en Hercule, aussi d'après l'Antique, par *Jouvenet*.

Didon, par *Poultier*.

La Vénus de Médicis, d'après l'Antique, par *Fremeri*.

Un Vase orné de tournesols, par *Slodtz le père*.

Un autre semblable, par *Legeret*.

Un Vase de marbre, par *Joly*.

Son pendant, par *Arcis*.

Cyparisse caressant un cerf privé qu'elle aimoit, par *Flamen*.

Une Amazone, d'après l'Antique, par *Buirette*.

Artemise, commencée par *le Fevre*, & finie par *des Jardins*.

Achille reconnu par Ulysse, de *Vigier*.

Un Vase orné de branches de laurier & de chêne, par *Hardy*.

Son pendant, par le même.

BASSIN D'APOLLON.

Entre la grande allée, & le bassin d'Apollon, est une demi-lune où l'on voit à droite :

Aristée qui lie Protée, par *Slodtz le père*.

Syrinx, par *Maziere*.

Jupiter, par *Clerion*.

Junon, du même.

Vertumne, par *le Hongre*.

Un Senateur Romain, Antique.

A gauche on remarque le grouppe d'Ino & Mélicerte, par *Granier*.

Pan, par *Maziere*.

Le Printems, par *Arcis*.

Bacchus, par *Raon*.

Pomone, par *le Hongre*.

Brutus, Antique.

Le bassin d'Apollon est un carré long, arrondi dans ses faces. Ce Dieu sortant des eaux, est assis sur son char tiré par quatre chevaux, & entouré de Tritons, de dauphins & de baleines. *Tuby* a fait ce grouppe, d'après les desseins de le Brun. La gerbe du milieu est monstrueuse, & a cinquante-sept pieds de haut. Les deux autres en ont quarante-sept.

Entre ce baffin & le canal, on voit douze statues, six de chaque côté, dont il y en a onze d'antiques.

Celles de la droite sont:
Auguste.
Orphée, par *Francaville*.
Apollon.
L'Abondance.
Antinoüs.
Titus.

Les figures de l'autre côté de la demi-lune, sont:
Un Sénateur.
Agrippine.
Junon.
La Victoire.
Titus.
Hercule.

LE GRAND CANAL.

Le grand Canal a trente-deux toises de large, sur huit cens de long. Il est traversé vers le milieu par un autre canal, dont les extrémités sont heureusement terminées par Trianon & la Ménagerie, & qui a dans sa longueur cinq cens vingt toises.

Trois piéces d'eau, savoir, une à la

tête, une au milieu, & la troisiéme beaucoup plus grande qui est à l'extrémité de ce canal, en interrompent la longueur. Dans la premiere, de forme octogone, on voit deux chevaux marins montés par deux enfans, qu'a sculptés *Tuby*, d'après le dessein de le Brun.

Rentrons dans la grande allée, pour voir les Bosquets. Le premier à droite, en remontant vers le Château, est

LA COLONNADE.

Trente-deux colonnes de marbre, d'Ordre Ionique, répondant à autant de pilastres, forment cette colonnade, dont la forme est circulaire. Des arcades qui ont à leurs clefs des têtes de Nymphes, de Nayades ou de Sylvains, les unissent ensemble. Un entablement Corinthien couronne cet ouvrage, & il est surmonté d'un socle, qui porte des vases terminés par des pommes de pin. *Maziere*, *Granier*, *Coyzevox*, *le Hongre* & *le Comte* ont sculpté les Jeux & les Amours en bas-reliefs sur les archivoltes triangulaires des arcades.

Toute cette Architecture, dont le plan ingénieux a été imaginé par

J. H. *Mansard*, pose dans une rigole où retombe en nappe l'eau de trente-un champignons, placés entre les colonnes sur des pieds ornés de consoles.

D'une allée qui régne au pourtour de la colonnade, on descend dans une espéce d'aréne, au milieu de laquelle on voit l'Enlévement de Proserpine, sculpté par *Girardon*, d'après le dessein de le Brun. Une partie de cette fable est en bas-relief sur le piédestal qui porte ce beau grouppe, qu'a gravé *G. Audran.*

LA SALLE DES MARRONIERS.

Les palissades de cette salle sont ornées de treillages, de huit bustes, & de deux statues antiques.

Les bustes sont Alexandre, Cléopatre, César, Numa, Marc-Aurele, L. Vérus, Hercule, & Déjanire.

Les figures sont Antinoüs & Méléagre.

Aux extrémités de cette salle sont deux bassins ronds, du milieu desquels s'en éleve un autre de marbre blanc, qui porte une figure antique, représentant une Muse & une Dame Romaine.

LA FONTAINE DE BACCHUS.

Dans la croisée des principales allées des bosquets, sont quatre fontaines qui représentent les Saisons. Celle de l'Automne est ici désignée par Bacchus entouré de petits Satyres, & des attributs qui lui conviennent. Le Brun a donné le dessein de ces figures, & *Marsy* l'a exécuté.

L'ILE ROYALE

Ainsi nommée d'une petite île qui étoit autrefois au milieu de la grande piéce d'eau, est surmontée d'une autre plus petite. Il en sort sept grosses gerbes, dont la plus haute monte à quarante sept pieds.

Les charmilles de ce grand bosquet sont taillées en arcade. Son principal ornement consiste en plusieurs statues, dont il y en a quelques-unes antiques.

On voit d'abord un vase entouré d'une branche de houx, & de tournesols, par *le Fevre*.

Julia Mesa, sœur de Julia Domna, femme de l'Empereur Sévére.

Vénus qui sort du bain.

Jupiter Stator.

Julia Domna, femme de l'Empereur

reur Sévére. Ces quatre figures sont antiques.

Un Vase pareil à celui de l'entrée, fait par *Legeret*.

Aux angles de la grande piéce d'eau, sont deux figures copiées d'après l'Antique : Hercule qui se repose, par *Cornu*, & Flore, par *Raon*.

LA GIRANDOLE.

Il faut repasser devant la fontaine de Bacchus, pour voir ce bosquet orné d'un bassin, & d'une gerbe. La girandole, dont il ne lui reste que le nom, étoit autrefois formée par quantité de jets placés autour du bassin, qui se réunissoient au centre, d'où sort la gerbe.

On y remarque un Hiver, fait par *Theodon*, Priape, Pomone, Flore, Hercule, Morphée & autres Termes exécutés par différens Sculpteurs, d'après les desseins du Poussin.

De ce bosquet on peut aller au labyrinthe : en traversant l'allée qui les sépare, on voit

LA FONTAINE DE SATURNE.

Ce Dieu environné de petits enfans, est au milieu d'un grand bassin, & semble tirer d'un sac une pierre pour

I. Partie. E

la dévorer. Cette fontaine qui désigne l'Hiver, a été faite par *Girardon*, d'après le dessein de le Brun.

Le Labyrinthe.

A l'entrée de ce bosquet, on apperçoit la statue d'Esope, par *le Gros*, & celle de l'Amour tenant un peloton de fil, par *Tuby*.

Chaque détour d'allée est orné d'une fontaine, avec un bassin rocaillé, où est représentée au naturel une fable d'Esope, dont l'explication est contenue en quatre vers faits par Benserade. Ces fontaines au nombre de trente-neuf, ont été gravées par le Clerc, avec les deux figures qui décorent l'entrée du Labyrinthe.

La Salle du Bal.

Le milieu est une espéce d'arêne qui a servi à danser, lorsque Louis XIV. y a donné des fêtes. D'un côté est un beau buffet rocaillé, qui forme plusieurs nappes & jets d'eau, fournis par trois gros bouillons. Il est embelli de vases de métal, ornés de têtes de Bacchantes, & de mufles de lion, sculptés par *Houzeau* & *Masson*. De l'autre côté est un amphithéàtre de gazon, soutenu par quatre rampes de marbre, au haut desquelles sont autant de vases, dont les bas-reliefs sont de *le Hongre*. Il y a de plus des torchères, pour mettre des girandoles, dont l'effet mêlé avec celui des eaux, ne peut être que fort agréable.

Au haut de cet amphithéâtre, on voit dans une niche un grouppe de marbre, représentant Papyrus interrogé par sa mére. Il a été sculpté par *Carlier*, d'après l'antique.

Voilà ce qui concerne les bosquets de ce côté-là. Pour examiner ensuite ceux de l'autre côté, il faut se placer à la demi-lune du bassin d'Apollon, au bout de la grande allée. En remontant vers le Château, on trouve à gauche

Le Bosquet d'Encelade.

On voit au milieu d'un bassin ce Géant, qu'Horace appelle *Jaculator audax*. Il est accablé sous les montagnes qu'il avoit entassées pour escalader le Ciel. Il ne paroît que les extrémités de ses bras & de ses jambes ; son visage est tourné vers le Ciel, & il sort de sa bouche un jet de soixante-dix huit pieds de haut. Cette statue a été faite par *Marsy*. Plusieurs jets sortent des rochers qui l'accompagnent.

Les Dômes.

Deux petits cabinets placés aux extrémités de ce bosquet, l'ont fait nommer le bosquet des Dômes. Chaque cabinet est de marbre blanc, & a huit colonnes Ioniques. Leur face principale est couronnée d'un fronton, orné de l'Ecu des armes de France, qui pose sur des trophées d'armes de bronze doré. Dans les encoignures des petits pans, & entre les pilastres, on a sculpté en plomb des trophées, qui représentent les armes de diverses Nations, & le tout est surmonté par deux grouppes d'enfans. De pareils trophées décorent les angles du cabinet en dedans.

Les faces de ce bosquet sont ornées de huit statues de marbre, savoir, en commençant à gauche en entrant:

Une Nymphe de la suite de Diane, qui caresse sa levrette, par *Flamen*.

Flore, par *Magnier*.

Amphitrite, d'après les modéles des *Anguiers*.

Arion jouant de la lyre, par *Raon*.

Ino, par *Rayol*.

Le Point du jour, par *le Gros*.

Galathée, par *Tuby*.

Le Berger Acis, du même.

Au milieu de ce bosquet est un bassin octogone, dont le jet monte à soixante-dix pieds de haut. Il reçoit encore l'eau des nappes, fournies par des bouillons sortant de la balustrade de marbre blanc qui l'environne.

La terrasse dont il est entouré, est décorée pareillement d'une balustrade de marbre blanc, sur les socles & les pilastres de laquelle *Girardon*, *Mazeline* & *Guerin*, ont sculpté en bas-relief les armes employées par les différentes nations de l'Europe.

LA FONTAINE DE FLORE.

La fontaine de Flore, ou du Printems, a été faite par *Tuby*, d'après le dessein de le Brun. Cette Déesse y est à demi-couchée, & entourée de jets qui forment ensemble une gerbe.

LE BOSQUET DE L'OBÉLISQUE.

Le milieu est occupé par un bassin long & octogone : il est élevé sur cinq marches de gazon ; & aux quatre rampes des faces, il a quatre chûtes d'eau qui retombent dans le fossé régnant au pourtour. Deux cens trente-un jets réunis forment un Obélisque, qui a cinquante-deux pieds de haut & qui diminue de grosseur jusqu'à sa pointe, par le moyen des réservoirs placés à trois différentes hauteurs qui le fournissent.

Bosquet de l'Étoile.

Ce bosquet est orné de dix figures, tant dans les six allées qui forment une étoile, que dans l'allée tournante.

Les figures dont les sujets sont connus, représentent Ganimède tenant la foudre de Jupiter, copié d'après l'Antique, par *Joly*.

La Vénus de Médicis.
La Comédie.
La Muse Uranie.
Une Bacchante.
Artémise.
Livie femme d'Auguste.

Toutes ces figures sont antiques.

Pour aller au bosquet Dauphin, on traverse une allée, où sont deux bassins, celui de Flore qu'on a déja vû, &

La Fontaine de Cérès.

Cérès, ou l'Eté, est assise sur des gerbes de blé, tenant sa faucille ; les enfans qui l'environnent, badinent avec des fleurs qui croissent dans les blés.

Cette fontaine a été exécutée par *Regnaudin*, d'après les desseins de le Brun.

Le Bosquet Dauphin.

Ce bosquet est ainsi appellé, d'un dauphin qui étoit placé au milieu de son bassin.

Les Termes qu'on y voit, ont été faits à Rome, d'après les desseins du Poussin, savoir :

Isis.
Flore, antique.
Bacchus, antique.
Un Satyre.
L'Eté, par *Theodon*.
L'Abondance.
Un Satyre.
Un Faune.

En sortant du bosquet Dauphin, on se retrouve dans la demi-lune de Latone. Voici les figures placées du côté droit en descendant du Château, en commençant par l'Androméde de Puget.

Un Vase orné de fleurs, par *Herpin*.

Un grouppe représentant Arrie & Pétus, copié d'après l'Antique, par *l'Espingola*.

On trouve ensuite cinq Termes :

E iiij

Hercule, par *le Comte*.

Une Bacchante, par *de Dieu*.

Un Faune, par *Houzeau*.

Diogéne, par *l'Espagnandel*.

Cérès, par *Poultier*.

La Nymphe à la coquille, par *Coyzevox*. Cette statue vient d'après l'Antique, ainsi que les huit suivantes.

Ganiméde & Jupiter métamorphosé en aigle, par *Laviron*.

La Muse Uranie, par *Fremery*.

L'Empereur Commode en Hercule, par *Nicolas Coustou*.

Faustine, représentée en Cérès, par *Regnaudin*.

Bacchus, par *Granier*.

Un Faune jouant de la flûte, par *Hurtrelle*.

Tigrane Roi d'Arménie, par *l'Espagnandel*.

Antinoüs, par *la Croix*.

Le Mélancolique, par *la Perdrix*.

L'Air, par *le Hongre*.

Le Soir sous la figure de Diane, par *des Jardins*.

Le Midi figuré par Vénus. Cette statue est de *Marsy*.

L'Europe, par *Mazeline*.

L'Afrique, par *Cornu*.

La Nuit, par *Raon*.

La Terre désignée par une femme couronnée de fleurs, par *Masson*.

Le Poëme pastoral, sous la figure d'une bergere, par *Granier*.

On voit ensuite cinq Termes :

Apollonius précepteur de Marc-Aurèle, par *Melo*.

L'Orateur Isocrate, par *Granier*.

Le Philosophe Théophraste, par *Hurtrelle*.

L'Orateur Lysias, par *de Dieu*.

Ulysse, par *Magnier*.

Sur la gauche, on trouve un bosquet plus recommandable pour la beauté de ses Sculptures, que pour l'effet de ses eaux. On l'appelle

LES BAINS D'APOLLON.

On y voit trois beaux grouppes de marbre, couverts par autant de baldaquins de plomb doré, d'où pend une campane.

Le grouppe du milieu composé de sept figures, fait voir Apollon chez Thétis, assis & environné de six Nymphes qui s'empressent de le servir. Des trois qui sont sur le devant, deux s'apprêtent à lui laver les pieds, & à les essuyer. La troisiéme tient d'une main un baſſin, & de l'autre verſe des eaux de ſenteur ſur les mains d'Apollon. Ces quatre figures ſont de *Girardon*. Des trois Nymphes placées derriere le Dieu, celle du milieu prend ſoin de ſes cheveux, & les deux autres tiennent des vaſes remplis d'eſſences. Elle ſont ſculptées par *Regnaudin*.

Le grouppe qui eſt à gauche, en regardant Apollon, repréſente deux de ſes chevaux que des Tritons abreuvent. Il eſt de *Guérin*.

Celui de la droite beaucoup plus parfait, repréſente auſſi deux chevaux d'Apollon abreuvés par des Tritons. Un de ces chevaux ſerre les oreilles, & mord la croupe de l'autre qui ſe cabre. Un Triton pour les retenir, léve un bras nerveux : *Gaſpard Marſy* a ſculpté ce grouppe, & le Brun a donné les deſſeins de toutes ces Sculptures.

PETIT BOSQUET.

Ce boſquet eſt contigu avec les bains d'Apollon. En 1736. il fut deſtiné à l'amuſement particulier de M. le Dauphin.

Les deux figures qu'on y voit, repréſentent le Roi & la Reine ſous les figures allégoriques de Jupiter & de

Junon. La première est de *Coustou l'aî-né*, & la seconde de *Coustou le jeune*.

Le Théatre d'Eau

Qui étoit un des plus beaux bosquets de Versailles, & l'ouvrage de *Vigarini* fameux Architecte Modénois, est présentement ruiné. Ses effets d'eau changeoient six fois, & offroient autant de décorations différentes.

Les figures qui ornent ses allées, sont :

Marsyas qui montre à Olympe, son éléve, à jouer du sifflet à sept tuyaux; copié d'après l'Antique, par *Goy*.

Jupiter, Terme antique restauré par *Drouilly*.

Un buste de Junon, aussi antique.

Bacchus, par *Coustou le jeune*.

A l'entrée de ce bosquet, est un petit bassin de plomb, d'où s'éleve une gerbe. On le nomme le bassin des enfans, parce que plusieurs enfans y sont représentés nageans.

Le Bassin de Neptune.

Cette piéce qui termine le Parc de ce côté-là, est bordée en partie par une terrasse, & par une tablette ornée de soixante-quinze cierges ou grilles d'eau, de soixante pieds de haut, qui retombent par des masques, après être sortis pour la plûpart de vases de plomb bronzé, enrichis d'ornemens.

Dans la face de cette terrasse sont trois massifs, qui portent des grouppes en plomb, formant des buffets nourris d'une prodigieuse quantité d'eau.

Celui du milieu, est Neptune & Amphitrite accompagnés de plusieurs Tritons & monstres marins, par M. *Adam l'aîné*.

A sa gauche, est l'Océan appuyé sur un monstre marin, par M. *Lemoyne le fils*.

A sa droite on voit Protée qui garde les troupeaux de Neptune, par M. *Bouchardon*.

Aux extrémités de la tablette, sont deux grouppes d'enfans assis sur des monstres marins, de la gueule desquels il sort une lance d'eau. Ces deux morceaux sont dûs à M. *Bouchardon*.

Trois figures de marbre sont placées dans la demi-lune, qui est au delà de cette piéce d'eau:

Bérénice d'après l'Antique, par *l'Espingola*

La Renommée qui écrit l'histoire

de Louis le Grand. Ce grouppe a été fait par *Domenico Guidi*, sur le dessein de le Brun.

Faustine d'après l'Antique, par *Fremery*.

Dans la demi-lune qui fait face à la piéce de Neptune, est

La Fontaine du Dragon.

Le milieu du bassin présente un dragon, d'où sort un jet de quatre-vingt douze pieds de haut, qui est le plus élevé de tous ceux de Versailles. Il est environné de dauphins & de cygnes, montés par des Amours. Les uns semblent tirer sur le dragon, les autres en avoir peur. Toutes ces figures qui jettent des jets dardans, sont de *Gaspard Marsy*.

Avant de monter par l'allée d'eau à la fontaine de la Pyramide, il faut entrer dans les deux bosquets des côtés. Celui de la droite s'appelle

Les trois Fontaines.

Il est ainsi nommé à cause des trois bassins disposés sur des terrasses de différens niveaux, & dont les eaux sont variées en jets croisées, en nappes & en gerbes. C'est un des plus beaux bosquets de Versailles pour l'effet des eaux.

L'Arc de Triomphe

Est de l'autre côté de l'allée d'eau. En entrant dans ce bosquet, se présente une très-belle fontaine. La France y est assise sur son char, au milieu de deux figures, dont l'une qui est appuyée sur un lion, désigne l'Espagne; l'autre est assise sur un aigle, & représente l'Empire. Sur le dernier degré qui soutient le char de la France, est un dragon à trois têtes prêt d'expirer, symbole de la désunion de la triple alliance. Ces figures sont l'ouvrage de *Tuby* & de *Coyzevox*.

En montant vers l'Arc de Triomphe, on voit à droite la fontaine de la Victoire, sculptée par *Mazeline*; & à gauche celle de la Gloire de la France, par *Coyzevox*. Ces fontaines dont l'ordonnance est la même, ont été imaginées par le Brun.

L'Arc de Triomphe est placé dans l'endroit le plus élevé de ce bosquet; il est de fer doré & d'ordre Dorique, dont les pilastres à jour sont remplis par l'eau qui forme des glaces en tombant. Sur le fronton il y a sept chandeliers, dont l'eau fait des nappes sur les côtés. Dans le milieu sont plusieurs gradins nourris par des bouillons d'eau.

Quatre obélisques de fer doré forment dans les angles des miroirs d'eau, entre lesquels on voit de petites pyramides. Toutes ces eaux retombent ensuite au milieu de l'allée, par deux goulettes qu'interrompent des chûtes formant de petites cascades.

L'ALLÉE D'EAU.

Cette allée est partagée par deux bandes de gazon, sur chacune desquelles on voit sept grouppes de trois enfans de fonte. Il y en a encore huit dans la demi-lune où est la fontaine du dragon, ce qui fait en tout vingt-deux. Chaque grouppe porte un petit bassin, d'où s'éleve un bouillon qui retombe dans un autre bassin de marbre, où sont posés les pieds des enfans.

Dans les angles de l'allée d'eau sont deux figures : l'une est le Colérique qui a un lion pour symbole, par *Houzeau* ; l'autre est le Sanguin, avec un bouc qui mange des raisins, par *Jouvenet*.

On voit ensuite un grand carré d'eau, dans lequel tombe une belle nappe, qui couvre un bas-relief de bronze représentant les Nymphes de Diane qui se baignent. Il est au milieu de quatre masques qui jettent de l'eau; le tout a été exécuté par *Girardon*.

Les autres faces de ce carré sont ornées de bas-reliefs, où sont des Fleuves, des Nymphes, & des Enfans, sculptés par *le Hongre* & *le Gros*.

La Fontaine de la Pyramide.

Au-dessus de la nappe des bains de Diane, on apperçoit la fontaine de la Pyramide, dont je parlerai, après avoir expliqué les huit figures placées le long des palissades.

Les quatre de la droite sont:

L'Hiver, par *Girardon*.

L'Eté, par *Hutinot*.

L'Amérique, par *Guérin*.

L'Automne, par *Regnaudin*.

Celles de la gauche représentent:

Le Poëme Satyrique, par *Buyster*.

L'Asie, par *Roger*.

Le Tempérament flegmatique, par *l'Espagnandel*.

Le Poëme Héroïque, par *Drouilly*.

La fontaine de la Pyramide, ouvrage de *Girardon*, est ainsi nommée, parce qu'elle en a la figure. Elle est composée de quatre bassins élevés les uns sur les autres, & portés par des écrevisses, des dauphins & de jeunes Tritons. Le plus bas est soutenu par quatre consoles en forme de pieds de lion, & par quatre Tritons, qui semblent nager dans le grand bassin. Un bouillon de quatre pouces de diamétre, sortant d'un vase, fait jouer toutes ces nappes, qui s'élargissent à mesure qu'elles descendent, & sont de plus nourries par d'autres eaux qui y viennent à gueule bée.

Près de cette fontaine sont deux vases de marbre, faits à Rome par les Pensionnaires du Roi. L'un représente un Mariage antique, & l'autre une Bacchanale.

Parterre du Nord.

C'est un grand parterre de gazon orné de deux bassins, qu'on nomme les bassins des Couronnes, parce que des Tritons & des Syrénes y soutiennent des couronnes de laurier, du milieu desquelles s'élevent plusieurs jets. Ces Sculptures sont de *le Hongre*.

Aux angles de l'escalier de marbre qui descend dans ce parterre, il y a deux statues de marbre, toutes deux d'après l'Antique.

La première est Vénus pudique. *Coyzevox* l'a copiée en 1686. d'après l'original de Phydias, qui est à la vigne Borghése.

La seconde est nommée l'Espion ou le Rémouleur, & représente un homme qui aiguise un couteau de sacrifice. Elle est *de Foggini*.

La tablette du parterre d'eau, est décorée de vases de marbre d'Egypte, & de vases de bronze, dont quelques-uns sont ornés de petits Amours assis sur les anses.

PARTERRE DES FLEURS.

On traverse le parterre d'eau pour voir sur la gauche celui des fleurs. Sur l'angle de la balustrade, qui régne le long de ce dernier, près de la fontaine du Point du jour, est une Cléopâtre, faite par *Vancleve*, d'après l'Antique.

Le principal perron par lequel on descend au parterre des fleurs, est orné de deux Sphinx de marbre que monte un enfant de bronze, par *Lerambert*.

Sur les quatre autres perrons, & sur la tablette se voient dix vases, dont huit font de marbre, faits par *Bertin*, *Tuby*, & *Hulot*, & deux de bronze, exécutés d'après les desseins de *Ballin*.

Ce parterre a deux bassins entourés de bordures de marbre, & chacun est fourni par une gerbe.

L'Orangerie.

On y descend par deux rampes des plus magnifiques. Ses deux principales entrées sont ornées de deux massifs, décorés chacun de deux colonnes d'Ordre Toscan, qui portent un grouppe de pierre. Du côté de la Ménagerie on voit Vénus, Adonis, Zéphire & Flore, par *le Comte* ; & du côté de Versailles l'Aurore, Céphale, Vertumne & Pomone, par *le Gros*.

L'Espace qui est entre ces portes & les rampes, est fermé par des grilles qu'entretiennent des piliers qui portent des paniers pleins de fleurs, sculptés par *Pineau*.

Le parterre est orné d'un grand bassin avec une gerbe de quarante pieds de haut, & de deux vases de marbre entourés de pampres, l'un fait par *Buirette*, & l'autre par *Raon*.

Autour de ce parterre on range des lauriers, des myrthes & des Orangers les plus beaux qui soient au monde ; leur nombre est d'environ six cens. Celui appellé le grand Bourbon a cinq tiges, & doit être âgé de trois cens ans ou environ.

La serre de l'Orangerie offre une décoration d'une *mâle* simplicité, qui ne l'a rend pas moins recommandable que sa disposition, son étendue & sa construction. On prétend que l'idée en est dûe à *le Nostre*, que Louis XIV. pressa d'y travailler, n'étant pas entièrement satisfait des projets de ses Architectes, & que J. H. Mansard qui fut chargé de l'exécution, n'a fait que perfectionner le dessein de le Nostre.

Quoi qu'il en soit, cette belle serre consiste en une galerie, éclairée par douze fenêtres cintrées, & placées dans l'enfoncement des arcades. Deux autres galeries rempantes & en retour, communiquent à celle du fond par deux tours rondes. Elles sont décorées en dehors de trois avant-corps de colonnes Toscanes accouplées.

Dans une niche qui est au milieu de la galerie principale, on voit une figure de marbre, faite par *des Jardins*. Elle représente Louis XIV. vêtu à la Romaine, avec un manteau Royal, tenant un bâton de commandement, & ayant un casque à ses pieds.

Dans un vestibule de la galerie à droite, est une statue de pierre de touche, qu'on dit être une Divinité Egyptienne.

LA PIÉCE DES SUISSES.

Cette piéce ainsi nommée, parce qu'elle a été fouillée par les Suisses, forme un grand miroir cintré, & contient trente-six arpens & demi de superficie.

A son extrémité est une statue Equestre, que *le Bernin* avoit faite, pour représenter Louis XIV. arrivé au faîte de la Gloire. Cette figure n'ayant pas été trouvée ressemblante, on en a changé les traits, & on a substitué des flammes à la montagne qui la soutient, desorte que cette figure représente aujourd'hui Marcus Curtius, qui se précipite dans les flammes.

LE POTAGER.

Le potager est à côté de la Piéce des Suisses. Il a cinquante arpens d'étendue, & est distribué en une trentaine de petits jardins séparés par des murs, & à l'exposition du soleil la plus convenable à l'espéce d'arbres qu'ils renferment. Chaque jardin a pour l'arroser un bassin fourni par le grand qui en occupe le milieu.

LA VILLE DE VERSAILLES.

De la place d'armes vous descendez vers le grand Commun, dont les logemens sont très-vastes, & vers l'Hôtel de la Sur-Intendance qui sert de magazin aux Tableaux du Roi. On trouvera la liste des principaux dans l'*Abrégé de la Vie des plus fameux Peintres*; ce qui me dispense d'entrer à cet égard dans aucun détail. Je me contenterai de dire un mot d'un tableau placé sur un pied tournant pour être vû plus commodément. Il représente David qui terrasse Goliath, & est peint des deux côtés sur une ardoise : on l'a attribué à Michel-Ange ; mais il est constant qu'il est de Daniel de Volterre, comme nous l'apprend Vasari, qui en a donné la description.

LES RECOLLETS. On voit dans leur Eglise deux tableaux de *Jouvenet*: le Centenier, & la Résurrection du fils de la veuve de Naïm, gravée par du Change.

Dans une Chapelle, *Michel Corneille* a peint S. Louis, offrant à Dieu l'éponge & les cloud's de la Passion.

SAINT LOUIS. Cette nouvelle paroisse, que le Roi fait élever depuis l'année 1743, sera un édifice très-considérable, & fera beaucoup d'honneur à M. *Mansard*, sur les desseins duquel on le construit. Cet Architecte a fait faire un grand modéle en pierre de toute l'Eglise, qui met à portée d'en connoître les proportions & la décoration, tant extérieure qu'intérieure. Elle vient d'être achevée, & sert de paroisse à ce côté de la Ville, qu'on nomme le vieux Versailles.

L'Autel de la Chapelle de la Vierge, placé au fond de l'Eglise, est orné d'un tableau de dix-huit pieds, peint par M. *de Vermont*, & représentant la Présentation de N. S. au Temple.

On voit dans LA CHAPELLE des Lazaristes, aux côtés de la porte du chœur, une Madeleine, de M. *Galloche*, & un S. Pierre, de M. *Restout*, que Tardieu à gravé.

Au maître Autel, *le Moine* a peint S. Louis en prières, avec une belle gloire d'Anges.

VERSAILLES.

Dans une Chapelle il y a une Sainte Famille, de *Cazes*.

L'EGLISE DE NOTRE-DAME est de l'autre côté du Château, qu'on appelle le nouveau Versailles. Le portail de cette Eglise bâtie par *J. H. Mansard*, est décoré d'un Ordre Dorique qui porte quatre colonnes Ioniques couronnées d'un fronton. Les deux campaniles placés aux angles, ont ce dernier Ordre, & sont moins élevés que le Dôme, qui répond au milieu de la croisée.

A la Chapelle de S. Nicolas qui est à droite, *Jouvenet* a peint ce Saint à qui on présente des livres : sur le devant d'Autel on voit une tempête dont il est accueilli ; & sa pompe funèbre.

Les deux tableaux des Autels de la croisée ont été faits par *Antoine Coypel*, à l'âge de dix-huit ans. Dans l'un Saint Louis est représenté au lit de la mort ; & sur le devant d'Autel, sont deux batailles où ce Saint Roi se trouva. Dans l'autre on voit le martyre de S. Julien, accompagné de deux petits sujets de sa vie.

Le maître Autel offre une Assomption,

tion, peinte par *Michel Corneille*.

A la Chapelle du S. Sacrement, qui est derrière le chœur, il y a une Cêne, de *Bon Boullongne*.

A droite du chœur, M. *Restout* a peint S. Vincent de Paul prêchant devant M. de Gondi Archevêque de Paris, & plusieurs personnes de sa suite.

De l'autre côté est le Mariage de Sainte Catherine, avec un beau fond d'Architecture ; excellent ouvrage de *Bon Boullongne*. Au devant d'Autel le même a représenté son martyre, & la Vierge qui lui apparoît.

A côté de cette paroisse est un grand édifice, que le Roi a fait construire pour loger les PP. de S. Lazare. Il est du dessein de *J. H. Mansard*.

LA MENAGERIE.

Ce petit Château bâti par *J. H. Mansard*, est isolé, & consiste en deux appartemens, & un salon octogone rempli de tableaux d'Animaux, au-dessous duquel il y a une grotte.

L'appartement qui est à main gauche, est composé de cinq pièces, dont les plafonds présentent de riches or-

I. Partie. F

LA MÉNA-nemens peints avec beaucoup de goût
GERIE. d'après les desseins d'Audran.

Sur la cheminée de la premiere piéce, est Diane & Actéon, par *Vernansal*.

On voit sur les portes quatre tableaux de *Desportes*, qui sont des chasses au cerf, au dain, au chevreuil & au sanglier.

Dans la seconde piéce il y a les tableaux suivans :

La Naissance de Vénus, par *Boullongne l'aîné*.

Cette Déesse dans une conque portée par trois Tritons, d'*Antoine Coypel*.

Vénus à sa toilette, par *Boullongne l'aîné*.

Cette Déesse qui donne des armes à Enée, du même.

Vénus & Vulcain, par *Boullongne le jeune*.

La troisiéme piéce est ornée de deux jolis petits tableaux, dont on ignore également le peintre & le sujet.

Les autres morceaux sont Minerve & Arachné, par *Alexandre*.

La Dispute de Neptune & de Pallas, par *Poërson*.

Minerve qui considére l'ouvrage d'Arachné, par *Alexandre*.

Sur la cheminée de la dernière piéce où il y a un alcove, on voit un cerf poursuivi par des chiens, de *Desportes*.

LA MENA-GERIE.

Deux tableaux l'accompagnent. L'un peint par *Simpol*, est le Juge & les Plaideurs. L'autre est la Fortune & le Jeune Homme, par *Christophe*.

L'appartement de la droite est dans le même goût, & composé du même nombre de piéces.

Dans la première il y a six paysages, peints par *Spheyman*, *Cossio*, & *Allegrain*.

La seconde est décorée de dix tableaux, dont un est de M. *Galloche*. Il y a peint Enée chez Didon, au moment que cette Reine caresse l'Amour sous la figure d'Ascagne. Les neuf autres représentent des jeux d'enfans, & ont été faits par *Simpol*, *Bertin*, *Christophe*, *Hallé*, *de Dieu*, & *Poërson*.

Dans la quatriéme piéce on voit Arion, par *Silvestre le jeune*, & Orphée, par *Colombel*.

Ce pavillon est entouré de plusieurs cours grillées, destinées aux Animaux de toute espéce que la Ménagerie renferme. On diroit que l'Afrique a payé un tribut de ceux qu'elle produit, & que les autres Parties du monde ont

LA MENA-　fait hommage au Roi de ce qu'elles
GERIE.　ont de plus rare & de plus singulier en
Animaux & en Oiseaux.

SAINT CYR.

SAINT CYR.　Plusieurs allées conduisent de la Ménagerie à la Maison Royale de Saint Cyr, dont Louis le Grand est le Fondateur; & M^e. de Maintenon l'Institutrice.

Deux cens cinquante Demoiselles nobles, dont la fortune ne répond point à la naissance, y sont élevées gratuitement depuis l'âge de sept ans jusqu'à vingt.

M^e. Deshoulieres, dans une Epître à M^e. de Maintenon, lui parle ainsi de ce bel établissement.

   Tes soins ont prévenu les tristes avantures
      Où l'extrême besoin jette les jeunes cœurs.
   Ah ! que ces soins pieux chez les races futures
      T'attireront d'admirateurs !
Contre la cruauté des fières destinées
      Ils donnent, ces soins généreux,

Un azile sacré, vaste, durable, heu- SAINT CYR.
reux
   A d'illustres infortunées.

Ce superbe édifice dont *J. H. Mansard* eut la conduite, fut commencé au mois de Mai 1685. & achevé l'année suivante. Il est très-vaste, & consiste en grands corridors, refectoires, & autres piéces nécessaires à une nombreuse communauté.

TRIANON.

Ce Palais aussi galant que magni- TRIANON. fique, fait honneur au génie de *J. H. Mansard*. Deux aîles terminées par deux pavillons, sont unies par un beau péristile formé de colonnes d'Ordre Ionique, qui a été élevé par *de Cotte*. Toute cette Architecture, ainsi que celle des deux aîles, est de marbre de Languedoc, à la réserve des colonnes du péristile du côté de la cour, qui sont de marbre verd de Campan, du plus beau & du plus grand calibre qu'il y ait.

Sur l'entablement de ce Palais qui n'a qu'un étage, est une balustrade chargée de vases ; & à l'aplomb des colon-

F iij

TRIANON. nes du périſtile il y a de petits Amours armés de dards & de fléches, qui chaſſent des Animaux.

Sur la droite on entre dans un ſalon de forme ronde où eſt la Chapelle, & de là dans l'appartement du Roi, qui n'a pour ornement que quelques tableaux de fleurs & de fruits, peints par *Baptiſte* & *Fontenai*, & placés ſur les portes & ſur les cheminées.

Le même ſalon communique à une ſuite de piéces, dans la première deſquelles ſont deux ovales de *Blanchard*; ſavoir, deux Danſes de Nymphes.

Sur la cheminée de la ſeconde piéce *Boullongne l'aîné* a peint Vénus à ſa toilette, & Mercure qui lui montre une pomme d'or.

On voit au-deſſus des portes Vénus & Adonis, & cette Déeſſe avec l'Hymen & les Amours, par *Boullongne le jeune*.

Sur deux autres portes il y a deux tableaux de *Boullongne l'aîné*. Dans le premier eſt l'Art figuré par un Amour qui travaille de Sculpture; & dans le ſecond eſt une femme à qui quatre autres font des préſens : image, à ce que l'on prétend, de la Nature.

En face de la cheminée est le portrait du Comte de Toulouse, sous la figure de l'Amour endormi, par *Pierre Mignard*.

Les deux autres tableaux sont le Jugement de Midas, par *Michel Corneille*, & le Dieu Mars.

Dans la troisiéme piéce *Verdier* a peint sur les portes, Mercure qui coupe la tête à Argus, & Junon menaçant Io en présence de Jupiter.

Les deux autres dessus de porte sont Diane & Endimion, Mercure qui endort Argus, par *Houasse*.

Sur la cheminée Morphée s'éveille à l'approche d'Iris, du même Peintre.

On voit encore dans cette piéce Hercule avec Junon, ce Dieu sacrifiant à Jupiter après ses victoires, par *Noël Coypel*, & une Pallas.

Au-dessus des portes de la quatriéme piéce, on remarque Diane avec ses Nymphes, Clytie & le Soleil, par *la Fosse*, qui a peint sur la cheminée Apollon & Thétis.

Entre les croisées il y a une Latone, de *Marot*.

Dans le salon qui suit, quatre tableaux de *Martin* représentent diverses vûes du Château de Versailles, deux petits ovales où sont des enfans, par *Jouvenet*, Vertumne & Pomone, par *Bertin*, & Zéphire & Flore.

De ce salon on entre dans un autre décoré de quelques vûes de Versailles, par *Martin*, & de trois ouvrages de *Houasse*, Alphée & Aréthuse, Cyane métamorphosée en fontaine, & Narcisse.

Ces deux salons sont à l'enfilade de la galerie. Les tableaux qu'on y voit sont de *Cotelle*, à l'exception d'un ou deux que Martin a peints. Ce sont les plus belles vûes des jardins de Versailles & de Trianon, accompagnées sur le devant de sujets de métamorphose.

Au bout de cette galerie est le salon du billard. Il y a au milieu un jeu de portiques, & dans les faces trois vûes de Versailles, peintes par *Allegrain*.

En retour est une suite de piéces nommées Trianon sur bois, parcequ'elles dominent sur un petit bois appellé le bois des sources : des rigoles d'eau qui le découpent, avec des jets & des nappes qui se succedent, y entretiennent une aimable fraîcheur. Ces piéces sont présentement séparées en plusieurs petits appartemens, qu'occupent les Seigneurs durant le séjour du Roi.

De l'autre côté du péristile, on peut voir l'appartement de feu Monseigneur.

Dans la première piéce est l'Evangéliste Saint Luc, par *Pierre Mignard*.

Sur la cheminée de la seconde piéce est Saint Matthieu, du même ; & en face, Saint Marc, par *la Fosse*. Sur l'Autel de la Chapelle, est un grand tableau de l'Assomption de la Vierge, par *Mignard*.

Les tableaux de la chambre de feu Monseigneur, sont Saint Jean l'Evangéliste, par *le Brun*, gravé par Poilly, quatre Paysages de *Claude le Lorrain* ; savoir, un port de mer, une marine, David sacré Roi, & le débarquement de Cléopâtre, qui vient joindre Marc-Antoine. Il y a de plus quatre petits ronds, dans lesquels *Fontenai* a peint des fleurs & des fruits.

En descendant du péristile dans les jardins, on trouve d'abord un parterre de fleurs orné de deux bassins, au milieu desquels *Girardon* a sculpté de petits grouppes d'enfans.

Dans un second parterre décoré de quatre vases de marbre, est un bassin

F v

TRIANON. octogone, avec un enfant entouré de raisins. Le jet qui s'élève à 60 pieds est le plus beau des jets de Trianon.

Sur le côté droit de ces parterres, le terrein qui est en rampe offre des plate-bandes de fleurs qui, du tems de Louis XIV, changeoient tous les quinze jours. Au milieu de cette rampe est un fer à cheval avec un grand bassin & trois gerbes qui font face au bras du canal vis-à-vis la Ménagerie.

La Piéce du Dragon termine le coup d'œil du Château. Elle est composée d'un bassin soutenu en terrasse, & faisant nappe, avec deux dragons qui jettent de l'eau dans une piéce irrégulière ornée de deux gerbes.

En tournant à droite vers le jardin des marroniers, on trouve un carré d'eau qui fait le point de vûe de la galerie, & près de là l'allée de la cascade, ainsi nommée parcequ'une de ses extrémités est terminée par un BUFFET D'ARCHITECTURE incrusté de différens marbres, & orné de figures en plomb d'un Fleuve & d'une Nayade, qui lui servent de couronnement. Ces figures portent sur des enroulemens d'où il tombe trois chûtes d'eau, & sont accompagnées de deux lions, qui jettent pareillement de l'eau dans un premier baſſin faiſant nappe dans un ſecond. Aux extrémités de celui-ci, on a placé deux champignons avec des figures qui en ſoutiennent les coupes. Un troiſiéme baſſin ayant quatre bouillons reçoit cette eau, qui par un buffet à deux étages retombe dans un baſſin cintré au niveau de l'allée. Deux autres buffets & des maſques diſtribués dans les entre-pilaſtres, contribuent au bel effet de cette caſcade.

Le jardin des marroniers eſt un grand parterre à compartimens de gazon, orné de figures & de baſſins, dont le principal forme un carré long, qui a dans ſes angles quatre vaſes de marbre de Paros. On voit dans ce parterre un beau grouppe en marbre de Laocoon, ſculpté par *Tuby*, d'après l'Antique. Vers la gauche, on monte ſur un petit théâtre décoré d'un baſſin avec des figures de métal, dûes au même Sculpteur.

Au ſortir du jardin des marroniers, il y a une douzaine de ſalles dans les boſquets, parmi leſquelles on diſtingue la ſalle des Antiques, dont les buſtes poſés ſur des ſcabellons, décorent les trumeaux d'une charmille ou-

F vj

TRIANON. verte en arcade. Les autres salles ont des arbres isolés & des tapis de gazon; quelques-unes ont des figures de marbre antiques. Les bois sont beaux, & magnifiquement percés en allées doubles, avec des demi-lunes. C'est ainsi qu'entre les mains de le Nostre, les jardins de Trianon se sont agrandis, & ont insensiblement formé un Parc considérable.

Il manqueroit quelque chose à la description de ce Château, si on ne parloit du nouveau jardin du Roi. Un compartiment de bosquets, avec des treillages à hauteur d'appui & des piéces coupées de parterre à l'Angloise, entoure un petit Palais échancré dans toutes ses faces. On y trouve une salle de jeu boisée & pavée de compartimens de marbre, & suivie d'un cabinet de conversation. Deux bassins avec des grouppes d'enfans dorés ornent ces compartimens soutenus d'une double galerie de portiques, que forment de très-beaux treillages portant des corbeilles. Au milien de cette galerie, entre les arcades de laquelle sont des Orangers, est une salle à manger recouverte de treillages qui la dérobent entièrement aux yeux. On voit en face deux petits parterres, avec des baſſins pavés de cailloux compartis de diverſes couleurs.

Le pavillon a vûe ſur un parterre à l'Angloiſe orné d'une corbeille de fleurs, & ſur quatre carrés de potagers avec un grand baſſin, terminés par un portique de treillage, & accompagnés de volières.

Vous paſſez de là dans une baſſe-cour, où l'on éleve de très-beaux canards. Une cour du commun vient enſuite, ſuivie d'un jardin fruitier qui renferme un grand nombre de plantes étrangères, telles que des Ananas, le Caffé, le Cierge, l'Aloès, le Geranium, le Figuier des Indes, *l'Opuntia major* appellée Raquette, à cauſe de ſes feuilles larges de quatorze pouces. Ces plantes ſont rangées ſur des gradins, à l'exception de celles qui demandent à être en pleine terre, & qui ſont enterrées dans du tan.

Un ſecond jardin qui a, ainſi que le premier, des ſerres vitrées pour les primeurs, eſt ſuivi d'un fleuriſte, dont les murs ſont couverts de Filaria, de Buiſſons ardens, de Jaſmins-jonquilles, & de Siliquaſtrum ou Gaînier. Les plate-bandes ſont bordées de petits

TRIANON. Orangers mis dans des sceaux garnis de fer & enfoncés en terre, ce qui feroit croire qu'ils sont plantés en pleine terre.

Je ne dirai point qu'il y a de plus un colombier, un nouveau potager, & un autre jardin où l'on travaille à placer des serres vitrées, pour faire venir des fruits prématurés & des plantes curieuses.

MARLY.

MARLY. Par une magnifique avenue on arrive à ce Château, dont le Parc tient à celui de Versailles. La grille Royale ferme une cour ronde, sur les côtés de laquelle sont les Ecuries. Une longue avenue qui descend dans l'avant-cour, est terminée par deux pavillons. L'un sert de salle des Gardes, l'autre de Chapelle, dont la décoration n'offre rien que de simple. On y a fait depuis peu pour la Reine une tribune toute dorée & d'une jolie invention.

Le Château consiste en un gros pavillon isolé, & douze autres plus petits, dont *le Brun* donna les desseins. Il est décoré en dehors de pilastres Corinthiens, de trophées & de devifes, le tout peint à fresque. Rousseau avoit commencé ces peintures, lorsque la révocation de l'Edit de Nantes l'obligea de se retirer dans les pays étrangers. Meusnier son disciple acheva son ouvrage, & peignit ensuite les douze pavillons sur les crayons de le Brun. Sébastien le Clerc en a gravé une partie, & Chatillon l'autre.

Chaque face du Château présente un avant-corps feint, couronné par un fronton, dont la Sculpture est de *Jouvenet* & de *Mazeline*.

Les perrons à pans, placés dans les angles & aux faces, sont ornés de seize grouppes d'enfans, & de huit sphinx bronzés, exécutés par *Coustou* & l'*Espingola*. Ces perrons conduisent à quatre vestibules, qui servent d'entrée aux quatre appartemens du raiz de chaussée. Ils sont décorés chacun de deux grands tableaux de *Vander-Meulen* ou de ses disciples, représentant des villes que Louis XIV. a prises, ou des Siéges qu'il a faits. Par le vestibule qui se présente en face de l'avenue, on entre sur la gauche dans la chambre de M^e. la Dauphine, dont les dessus de porte sont de *Paul Bril*. M. *Pierre* a peint dans le cabinet de cette Princesse, Jupiter avec Io, Vertumne & Pomone.

L'appartement de M. le Dauphin est orné de quatre tableaux, faits par *Stiemart*, représentant les Saisons.

Dans l'antichambre de la Reine, il y a deux tableaux d'Animaux, dûs à *Ryſbrack*. Dans sa chambre à coucher on voit trois morceaux de *Vander-Meulen*; & entre les croisées deux tableaux de fleurs, peints par *Fontenai*. Près du lit de la Reine, est une petite miniature de Mlle. *Château*, représentant l'Enfant Jésus avec S. Jean-Baptiste & son agneau.

La chambre du Roi est décorée de deux sujets de l'histoire de Vénus, par M. *Boucher*. Elle est suivie de la salle du Conseil & de celle du déboté.

Ces quatre appartemens ont leur communication par les vestibules dont j'ai parlé, qui servent d'entrée au GRAND SALON, dont la forme est octogone, avec quatre cheminées pratiquées dans les pans. Il est orné de pilastres Ioniques, surmontés d'un Attique où se voient des Caryatides qui représentent les Saisons. Quatre croisées dans cet Attique, au bas desquelles sont des balcons dorés, éclairent ce beau Salon, ainsi que quatre fenêtres ovales entourées de guirlandes que portent des Amours. Ces Sculptures sont de *Vancléve*, *Hurtrelle* & *Couſtou*.

Au-deſſus des cheminées, dans les quatre petits pans de l'Attique, on voit les Saiſons. Le Printems eſt déſigné par Zéphire & Flore, & eſt d'*Antoine Coypel*. L'Hiver eſt repréſenté ſous la figure d'un vieillard, par *Jouvenet*. L'Eté figuré par Cérès, eſt de *Boullongne le jeune*. Bacchus & Ariane, peints par *la Foſſe*, ſont l'emblême de l'Automne.

Les petits appartemens ménagés en entreſolles conſiſtent en quatre piéces. Dans la première eſt le Tour du Roi ; la ſeconde tapiſſée de papiers qui imitent parfaitement ceux de la Chine, ſert de ſalle à manger. Les deux autres ſont un oratoire & un cabinet.

Meſdames de France ont leur appartement au premier étage. Celui de Mᵉ. Adélaïde a quatre deſſus de porte de M. *Natoire*, un Repos de Diane, Bacchus & Ariane, Apollon avec les Muſes, & Vénus qui ſe proméne ſur les ondes, où Neptune vient la recevoir.

Le grand pavillon eſt accompagné quatre ſalles de charmille, dont

MARLY. les carrés sont coupés par dessus. On voit au milieu une figure de marbre entourée d'une balustrade de fer. Dans les deux salles qui sont à gauche en montant, sont les statues d'Apollon & de Daphné. La première est de *Coustou le jeune*, & la seconde de son frère aîné.

En face du Château se présente une grande esplanade appellée l'Amphithéâtre, sur la rampe de laquelle sont posés quatorze vases, sculptés par *Bertin, de Dieu, Slodtz* & *Coustou*. Cette rampe est toute revêtue de panneaux de marbre compartis de différentes couleurs, & ornée aux angles d'un grand escalier qui l'interrompt, de deux Chasseurs dont l'un tue un sanglier & l'autre un cerf : ils sont de *Coustou l'aîné*.

LA PIÉCE DES VENTS

passe pour la plus belle fontaine de Marly. Sa tête est décorée d'un grouppe de marbre, représentant la jonction des deux Mers. L'Océan est désigné par un vieillard, & la Méditerranée par une femme accompagnée d'un enfant, symbole d'une rivière. L'Océan s'appuie sur une urne placée entre lui & la Méditerranée, qui croise son bras sur le sien, pour désigner le canal de Languedoc. Ce beau grouppe est dû à *Coustou le jeune*.

Deux morceaux de *Coyzevox* placés plus bas l'accompagnent. L'un est Neptune irrité par la présence d'un monstre marin qui épouvante le cheval que monte ce Dieu. L'autre est Amphitrite.

Tous ces grouppes ornent le premier bassin de la fontaine des vents, d'où s'élevent deux gerbes, dont l'eau réunie avec celle qui sort de l'urne des deux fleuves, fournit quatre nappes. Les murs du dernier bassin sont revêtus de pilastres de marbre, entre lesquels il y a des têtes de vents dont les jets se combattent, & imitent la neige en écumant. Un autre ornement de ce bassin est quatre buffets d'eau soûtenus par des Tritons.

Ce beau morceau est au bas de l'endroit où étoit la grande cascade nommée la rivière, composée de 63 degrés de marbre qui formoient des nappes d'une grande beauté. On y a substitué un grand tapis de gazon terminé par un bassin, où trois mascarons de marbre jettent une prodigieuse quantité

MARLY. d'eau. Il y a deux grouppes de *Coyzevox*; le fleuve de la Seine, avec un enfant qui montre les armes du Roi, & la Marne sous la figure d'une femme accompagnée de trois enfans.

On trouve dans cet endroit une grande portion circulaire, ornée de deux vases & de deux figures antiques des Sénateurs Publicanus & Attilius.

Vous revenez ensuite par l'allée de la rivière au grand pavillon. Les deux salles vertes de la gauche en descendant, offrent les figures d'Hyppomène & d'Atalante; la première de *Coustou le jeune*, & la seconde de *le Pautre*.

Derrière les pavillons de ce même côté, il y a un très-grand bosquet, fort orné de figures presque toutes antiques, & nommé

BOSQUET DE MARLY.

On trouve d'abord un Centaure dans une petite salle, ensuite un grouppe de marbre représentant le Tems qui relève les Arts, Vénus aux belles fesses d'après l'Antique, par *Barrois*, & une Circé.

Sur la gauche vous verrez un jeune Faune; & dans une salle au-dessus deux vases de porphyre, Semelé &

Milon, deux Termes antiques, & un grouppe de marbre d'un grand prix; il représente deux enfans qui jouent avec un bouc, & lui font manger des raisins. C'est *Sarazin* qui l'a sculpté.

En face il y a un jeune Faune, de *le Pautre*.

Ce bosquet dans lequel est pratiqué un mail tournant, s'appelle

Le Bosquet des Sénateurs.

Il est orné de quatre figures antiques de Sénateurs, & d'un grand bassin environné d'une balustrade de fer, dont la gerbe qui est la plus haute de Marly monte à 90 pieds.

On voit au bout une Minerve & un Apollon, Antiques.

Dans une petite salle au-dessus on remarque quatre petites figures, Eurydice, par *Bertin*, Amphitrite, Apollon & Méléagre. Ces deux dernières sont antiques.

En tournant sur la droite, vous appercevez un Ciceron & un Caton, tous deux Antiques, Méléagre, Vénus & Cupidon.

En face de ce dernier morceau est une statue de Diane, posée sur un piédestal rocaillé au milieu d'un bassin de plomb. Un arbre artiſtement taillé lui ſert de paraſol, & l'eau ſort de deſſous la plinthe pour former une nappe. Cette figure eſt de *Flamen*.

Il ne reſte plus à voir de ce côté qu'un cabinet de treillage, où eſt un Faune, Antique, & aux côtés deux Bacchus dont l'un tient une panthére.

Sur deux grands piédeſtaux placés aux extrémités de la baluſtrade qui termine ces magnifiques jardins, on a poſé en 1745. deux chevaux faits par *Couſtou le jeune*, qui ſe cabrent & ſont retenus par deux eſclaves, l'un François & l'autre Américain. L'abreuvoir eſt au bas de la terraſſe dans la campagne, dont les trois bouillons de 6 pouces de ſortie & les nappes ſont la décharge de toutes les eaux de Marly, qui par trois conduites vont ſe rendre à la groſſe gerbe au bout de l'avenue. Un tuyau de fer d'un pied de diamétre forme l'ajutage de cette gerbe.

LE BOSQUET DE LOUVECIENNE

qui occupe toute la partie droite, n'eſt pas inférieur en beauté à celui de la gauche. Les premières figures qu'on y apperçoit, ſont Apollon, Antique, Narciſſe, Bacchus, & un Hercule, Antique. Ces trois dernières décorent un cabinet de treillage pareil à celui qu'on a vû de l'autre côté.

La Salle des Muses.

On y voit leurs statues antiques, & celle d'Apollon. Au-dessous il y a une autre salle ornée d'un bassin ovale, entouré d'une balustrade de fer. Au milieu sont quatre Nayades bronzées & sculptées par *Hardy* & *Thierry*, qui tiennent une corbeille d'où sort une gerbe de 80 pieds.

Près de là est Vénus, Antique.

Les Bains d'Agrippine

sont ainsi nommés de la statue de cette Princesse, qui est assise sur un siége posé dans une urne de fonte, & paroît sortir du bain. Cette figure antique a été gravée par Mellan. Au-dessus il y a trois bassins avec des gerbes, dont l'eau fait jouer deux belles nappes au niveau de l'allée.

Plus bas on remarque quatre vases, & quatre statues dont trois antiques ; Claudia, Julia, Faustine, & Lucréce, Moderne. Elles sont posées sur des bassins en chandeliers faisant nappe ; il y a aussi des têtes de dragons placées aux coins des piédouches qui jettent de l'eau dans le bassin d'en bas.

La Cascade Rustique

est toute revêtue de marbre blanc. Ses nappes sont fournies par un grand bassin, du milieu duquel s'élève une coupe de métal doré portée par trois Tritons ; ouvrage de *Coustou l'aîné*. Il en sort un bouillon de quatre pouces, & il y a des moutons de distance en distance, dont l'effet est surprenant.

Les tablettes de la rampe de cette cascade offrent six statues & huit vases de bronze. Ces statues sont :

Pan, par *le Lorrain*.
L'Air, par *Bertrand*.
Flore, par *Fremin*.
Pomone, par *Barrois*.
L'Eau, par *Thierry*.
Vertumne, par *Slodtz*.
Apollon & Bacchus, Antiques.

Attenant la cascade rustique est

Le Theatre

formé de gradins de gazon, au bas desquels est un piédouche de marbre d'où sort un jet qui fait chandelier. Les ornemens de ce théâtre sont un Mercure,

DES ENVIRONS DE PARIS. 145
Mercure, Paris, un Berger, Antique, & quatre vases.

On voit dans la même salle un Bacchus, & un Silène, Antiques, & deux beaux vases de porphyre.

Sur la droite est une Cérès dans une niche de charmille.

En différens endroits de ce bosquet qui est très-vaste, on trouve des bassins, deux figures antiques, Papyrius & un Sénateur, & une rotonde soutenue par huit colonnes Ioniques. *Fontenai* y a peint des guirlandes de fleurs avec la délicatesse & la fraîcheur qui brillent dans tous ses ouvrages.

Le long des deux grands bosquets qu'on vient de voir, régnent douze pavillons unis par des berceaux de treillage, & destinés aux Seigneurs de la Cour désignés par le Roi. Au-dessous sont trois allées soutenues par des talus de gazon : l'une est celle des portiques, l'autre des boules, & la troisième des ifs. Rien n'est mieux exécuté que l'allée des portiques, dont les deux rangs forment une longue galerie. Les arbres sont dans des plate-bandes ornées de différentes fleurs, & de leurs tiges on a laissé échapper un petit vase qui s'éleve entre chaque arcade. L'allée des

I. Partie. G

MARLY. boûles eſt terminée du côté de l'abreuvoir par un baſſin avec une gerbe, & du côté du Château par une ſalle verte.

A l'entrée de celle de la droite ſont deux ſtatues antiques, Fabius & Fulvia. On voit dans cette ſalle ornée d'un grand baſſin, un grouppe de lutteurs copié d'après l'Antique par *Magnier*, & deux vaſes de marbre. Dans les deux petits cabinets ſont, une Vénus d'après celle de Médicis, par *Coyzevox*, Papyrius le jeune, & un Sacrificateur, Antique.

L'autre ſalle parallèle à celle-ci eſt ornée de même. Ses figures ſont un ſanglier d'après l'Antique, par *Foggini*, Cléopâtre, Neptune, & Flaminia. Ces deux dernières ſont antiques, ainſi que l'Apollon & le Paris.

La décoration extérieure des deux ſalles qu'on vient de voir, eſt extrêmement remarquable ; c'eſt un rang de colonnes Toſcanes iſolées, avec leurs baſes, chapiteaux & entablemens formés par des charmilles & des ormes, que l'Art a ſû rendre dociles.

Le perron qui deſcend dans ce premier parterre, eſt accompagné de deux grouppes de bergers & de bergéres en plomb, exécutés par *Couftou l'aîné.*

Plus bas est la fontaine des quatre gerbes, dont les bassins sont rocaillés. Elle est suivie de la grande piéce d'eau qui a une gerbe plus grosse que les autres, & de 55 pieds de haut. Les glacis de gazon qui l'entourent, sont ornés à leur tête de huit vases de bronze.

Le coup d'œil est agréablement terminé par une autre piéce d'eau, dont les bords offrent deux grouppes de Nymphes en marbre, sculptés par *Flamen.* La rampe qui l'environne, est interrompue dans le milieu par une cascade cantonnée de deux bassins octogones ; & aux extrémités sont deux escaliers avec quatre vases, faits par *Mazeline*.

Ces beaux jardins qui offrent des modéles de tout ce que l'Art du jardinage peut imaginer de plus galant, ont été plantés * par le Sieur *Drusé*, qui fut d'abord contrôleur de S. Germain & ensuite de Marly.

Les jardins hauts de Marly consistent en plusieurs belles allées, qui con-

---

* Le Sieur Ollande, Concierge de Marly du tems de Louis XIV. a détrompé à cet égard un Amateur, qui croyoit d'après plusieurs Auteurs, que ces jardins avoient été exécutés sur les desseins de J. H. Mansard.

MARLY. duisent à un belveder orné de deux grouppes de bronze, Hercule qui tue l'Hydre, & Diane jettée en fonte par les Kellers d'après l'Antique placé dans la galerie de Versailles. D'un côté on peut aller au champ de Mars, & de l'autre aux trois grands réservoirs, dont l'étendue est d'environ vingt arpens. L'eau y est amenée par un bel aquéduc de 330 toises de long, porté sur trente six arcades, & terminé par deux tours ou châteaux d'eau. La machine hydraulique qui l'y éleve, a été inventée par *de Ville*, Artiste Liégeois. Cette machine dont la description se trouve dans plusieurs livres, est extrêmement curieuse.

CLAGNY.

CLAGNY. Ce Château est le premier ouvrage de réputation de *Jule-Hardouin Mansard*, & celui où il a donné de plus grandes preuves de la beauté de son génie. Une admirable précision régne dans les différentes parties de sa décoration, tant extérieure qu'intérieure. La construction & la distribution n'en sont pas moins remarquables. On auroit de la peine à trouver plus parfai-

[marginalia: *Le château de clagny est actuellement rasé.*]

tement réunies dans un édifice ces trois parties qui font le caractère de l'Architecture civile. Il est situé proche de Versailles, près d'un petit bois de haute futaye qui invita Louis XIV. à faire construire pour Me. de Montespan, ce superbe édifice commencé en 1676. & achevé en 1680.

En face d'une belle cour se présente un corps de bâtiment, au milieu duquel est un pavillon un peu saillant, qui est composé de trois arcades à chaque étage soutenues de colonnes qui portent un fronton. Il a deux aîles, décorées de trois avant-corps ornés de pilastres qui supportent des frontons avec des Sculptures. Leurs croisées ont pour ornement des bandeaux accompagnés de corniches & de consoles. Ces aîles en ont deux autres en retour qui n'ont point d'étage, mais plusieurs arcades, dans les trumeaux desquelles on a placé des bustes. Toute la décoration extérieure consiste en un Ordre Dorique qui porte un Attique, avec des combles à la Mansarde, à la réserve du grand pavillon qui est couvert d'un dôme. La disposition de ce plan, & les belles formes de ses élévations n'échapperont point aux yeux

G iij

La Chapelle située à l'extrémité de l'aîle droite, est de forme ronde, & ornée d'un Ordre Corinthien.

Trois arcades font l'entrée du grand salon du milieu, qui sert de passage au jardin : des pilastres Corinthiens surmontés d'un Attique en règlent l'Architecture. On estime beaucoup la proportion des deux niches qui sont sous le dôme : une est gravée dans l'Architecture de Daviler (T. 1. p. 157.) & proposée comme un excellent modéle en ce genre. La voûte est portée par quatre trompes où sont huit figures d'Esclaves.

La grande galerie située sur la gauche, est ornée d'un Ordre Corinthien dont l'entablement est enrichi de Sculptures. On y distingue les Elémens, les Saisons, les quatre Parties du monde, & différentes Divinités. Dans les salons des extrémités sont des Nymphes en bas-relief, qui portent des corbeilles de fruits & de fleurs.

Dans la Ménagerie *Bonnard* a peint à l'huile une belle perspective, représentant un vestibule ouvert, à travers duquel on voit la continuation du jardin & d'un bois de haute futaye. Il est terminé dans le lointain par un beau pays de chasse, où l'on remarque M. le Prince de Dombes chassant au cerf. Sur le devant du vestibule le Peintre a placé le Dieu Pan & la Déesse Flore.

Les jardins ont été plantés par *le Nostre*. On y vit pour la première fois des portiques, des treillages, des berceaux & des cabinets. Des Hollandois habiles dans ces sortes d'ouvrages & mandés par le Roi y furent employés. Du grand salon vous descendez dans un parterre de broderie, d'où l'on découvroit autrefois un étang qui avoit une île dans son milieu. Il a été comblé par rapport au mauvais air qu'il causoit dans Versailles. A droite & à gauche sont des bosquets en labyrinthe, & au-dessus deux bois de haute futaye.

Plus près du Château il y a deux parterres, l'un de gazon avec un bassin, l'autre de fleurs. Au-dessus de ce dernier est celui de l'Orangerie terminé par un cabinet de treillage, décoré de fort belles colonnes. La serre de l'Orangerie n'est pas éloignée, non plus que l'appartement des bains, & une galerie de 35 toises de long, qui est

CLAGNY. pavée de marbre, & qu'on avoit d'abord destinée à renfermer les Orangers durant l'hiver.

Le Parc qui est en dehors, consiste en des bois percés de routes pour la chasse.

L'accès de ce Château étant interdit, j'ai été réduit à en faire la description d'après les plans; ce qui fait qu'elle n'est peut-être pas fort exacte. J'aurois sans doute mieux fait de rapporter l'agréable idée qu'en donne Mᵉ. de Sevigné dans sa lettre du 7 Août 1675. (T. 11. p. 398.) Voici ce que cette illustre Dame écrivoit à sa fille. ,, Nous ,, fumes à Clagny: que vous dirai-je? ,, C'est le palais d'Armide. Le bâ-,, timent s'éleve à vûe d'œil. Les jar-,, dins sont faits. Vous connoissez la ,, manière de le Nostre. Il a laissé un ,, petit bois sombre qui fait fort bien. ,, Il y a un bois entier d'Orangers dans ,, de grandes caisses, on s'y proméne, ,, ce sont des allées où l'on est à l'om-,, bre, & pour cacher les caisses il ,, y a des deux côtés des palissades à ,, hauteur d'appui toutes fleuries de tu-,, béreuses, de roses, de jasmins, ,, d'œillets; c'est assurément la plus ,, belle, la plus surprenante & la plus

" enchantée nouveauté qui se puisse
" imaginer : on aime fort ce bois.

JOUY

Près de l'aquéduc de Buc, & à une lieue de Versailles, appartient à M. Rouillé, Ministre & Sécretaire d'Etat, ayant le département des affaires étrangeres. Sur la droite du Château construit à l'Italienne, on descend par un grand escalier en fer à cheval dans le parterre de l'Orangerie, orné d'un côté d'une piéce d'eau cintrée en miroir, & de l'autre d'une très-grande piéce d'eau à oreilles qui fait face à la serre. C'est autour de celle-ci qu'on range les Orangers, qui ne le cedent qu'à ceux de Versailles & des Maisons Royales.

L'ensemble de ce morceau est magnifique. Il est terminé par une futaye dans laquelle on remarque une fontaine d'un dessein des plus élégans ; il est de M. *Blondel*. Cette fontaine rocaillée est surmontée d'un baldaquin qui se trouve au niveau d'une allée du Parc. L'eau serpente au milieu d'un gazon qui occupe le centre de la salle, dont les carrés de bois sont coupés par dessus, à l'exception de quelques arbris-

JOUY.

seaux à qui l'on permet de s'échapper pour former des boules.

Au-dessus de la futaye on voit deux étangs qui occupent dix arpens, & sont fournis par l'étang de Poura. Les potagers sont à côté. Toutes les eaux se rendent par un canal en chûte pratiqué derrière une palissade, dans une des piéces d'eau de l'Orangerie qui fait face à un bois très-bien dessiné. Au bout & sur la hauteur est un belveder fait en rotonde, d'où l'on découvre le peu de vûe dont on peut jouir de ce Château, qui est situé dans un fond & environné de côteaux. On y compte 400 arpens de parc.

PONTCHARTRAIN

PONTCHAR-
TRAIN.

Est un Château à quatre lieues de Versailles, bâti par le Chancelier de ce nom. Il est entouré de fossés pleins d'eau, & flanqué de deux aîles avec quatre pavillons aux encoignures. La façade sur le jardin a un pavillon en dôme, avec un fronton & un campanille qui renferme l'horloge.

Sur la gauche on apperçoit un canal & deux jolies salles ornées de deux vases de marbre. L'aîle du Château

DES ENVIRONS DE PARIS. 155

de ce même côté est bordée d'un petit jardin que termine une galerie, & un salon décoré de quatre cheminées angulaires, dans le goût du salon de Marly.

PONTCHARTRAIN.

Le parterre accompagné de vases sur la terrasse du Château, a la forme d'un boulingrin, & aboutit à une superbe piéce d'eau de douze arpens qui fait une poële. Ce parterre forme en retournant une vaste piéce carrée que l'eau suit, en décrivant de même plusieurs angles & portions circulaires. Un cordon de pierre de taille revêt la piéce d'eau ornée de distance en distance de socles portant des vases de fer peints en blanc. A l'extrémité le terrein s'éleve en amphithéâtre, terminé par une patte d'oie & accompagné de quinconces.

Vous descendez sur la droite de cette grande piéce d'eau, dans une allée de charmille, dont le milieu est occupé par un petit canal que fournit un mascaron. Son eau nourrit un grand bassin rond de 40 à 50 toises de diamétre, entouré de quilles d'ifs & d'arbres taillés en banquette. Vénus en bronze de grandeur naturelle, portée sur sa coquille, semble sortir du milieu

G vj

PONTCHAR-TRAIN.

des eaux. Au-dessus est un vertugadin dont les allées aboutissent à une étoile, où l'on a placé un grouppe de marbre sculpté en 1609 par *Francaville*. Il représente un homme dont la tête est garnie de raisins & de deux aîles par derrière, qui soutient une femme tenant un sable & un compas. A ses pieds est une figure qui a deux têtes, des aîles & des tetaces pendantes : une de ses griffes porte sur une tête de mort, & elle tire un bout de la draperie de la femme. Il y a de plus un Satyre entre les jambes de l'homme.

On descend par une allée de cette étoile à un beau vertugadin décoré de deux vases, & qui conduit sur la terrasse du Château. Il ne faut pas oublier de dire que ce Parc bien planté a près de deux cens arpens, & qu'il appartient à M. le Comte de Maurepas, Ministre & ci-devant Sécretaire d'Etat.

SAINT GERMAIN.

S. GERMAIN.

Le Château de Saint Germain situé à quatre lieues de Paris, est élevé sur une montagne, au pied de laquelle coule la rivière de Seine. Cette situation

& la salubrité de l'air le rendent un des plus agréables séjours de la France. Il se distingue en Château vieux, & en Château neuf.

Le Château vieux bâti par Louis VI. comme une forteresse, ayant été ruiné par les Anglois, demeura en cet état jusqu'au régne de Charle V. qui le fit rétablir sur ses anciens fondemens : il a été ensuite augmenté d'un étage par François I. Le haut est entièrement couvert de dalles de pierre, & forme une terrasse d'où l'on jouit d'une très-belle vûe. Louis XIII. fit plusieurs embellissemens à ce Château, & sous le régne de Louis XIV, *J. H. Mansard* éleva les cinq gros pavillons qui en flanquent les encoignures.

La face sur les jardins est la plus grande des cinq faces de ce Château. Elle renferme l'appartement du Roi, dégagé en dehors par un balcon de fer qui régne à l'entour. Cet appartement est démeublé, & n'offre rien de remarquable depuis que Sa Majesté ne fait plus de séjour à Saint Germain. Du côté du couchant est la grande salle servant aux bals, comédies & opéra ; elle passe pour une des plus spacieuses du Royaume.

S. Germain.   Du côté du midi est une belle Chapelle dédiée à S. Jean-Baptiste. Le tableau d'Autel représente la Cêne; c'est un excellent ouvrage du *Poussin*. On voit au-dessus la Sainte Trinité peinte par *Vouet* & accompagnée de deux Anges de stuc, grands comme nature, placés à la hauteur du premier Ordre, & tenant les armes de France. Ils sont dûs à *Sarazin*. La croix, les chandeliers, les vases pour les fleurs, & la lampe sont de vermeil & d'un poids considérable : on les a volés deux fois. Le jubé est spacieux, & renferme un beau buffet d'Orgues.

On conserve dans la Sacristie deux moyens tableaux, l'un d'une mére de pitié qui tient le corps de N. S. l'autre d'une Vierge donnant à manger à l'Enfant Jésus.

Le Château neuf commencé sous Henri IV. par *Guillaume Marchand*, n'est éloigné du vieux que de deux cens toises. Son portail est décoré de colonnes Toscanes, dont le fût est revêtu de bossages alternatifs; elles forment un péristile, dont le dessus est une terrasse entourée de balustrades qui portent la devise de Henri IV.

Le plan de la cour est très-ingénieux : des pilastres Toscans en réglent l'Architecture. Aux deux côtés de la salle des Gardes sont les grands appartemens : à droite est celui de la Reine Marie de Médicis terminé par une galerie, & à gauche est celui du Roi. Au plafond de la chambre à coucher sont quatre tableaux de *Vouet*; savoir, une Victoire assise sur un faisceau d'armes, une autre armée d'une palme, la Renommée tenant une couronne de laurier, & Vénus essayant un dard. Sur les côtés de ces appartemens sont les basse-cours pour les offices & logemens des Officiers. On y voyoit des volières remplies de toutes sortes d'oiseaux rares ; il n'y a plus que des paons.

En sortant de la grande salle à l'orient, on se trouve sur une terrasse de la même étendue que le palais, & terminée par deux galeries qui conduisent à deux pavillons. On descend de cette terrasse par deux rampes, dont le milieu est occupé par un morceau d'Architecture d'Ordre Ionique & d'un très-bon goût.

Deux autres rampes vous conduisent à la seconde terrasse. Le mur qui la soutient est percé d'arcades, dont le

S. Germain. dessous fait une galerie couverte. Le milieu est d'Ordre Dorique & d'une belle proportion. Tous les murs des rampes sont ornés de chaînes de refend, avec des panneaux de brique en compartimens. Sous cette terrasse étoient les grottes de Neptune & de la Nymphe jouant des orgues, par le moyen des eaux qui faisoient mille effets surprenans.

On descend de cette deuxième terrasse sur une troisième. On y voyoit les grottes d'Orphée, de Persée, & celle dite des Flambeaux, parce qu'elle ne pouvoit être vûe qu'aux lumières. Dans cette dernière étoit un grand théâtre avec différentes décorations plus agréables les unes que les autres. Toutes ces grottes étoient incrustées de coquillages & de pierres précieuses, & ornées de figures de marbre, de lustres & de girandoles. L'eau seule faisoit mouvoir des ressorts secrets qui donnoient du mouvement aux figures, & leur faisoient rendre des sons enchanteurs. Henri IV. & Marie de Médicis n'avoient rien épargné pour la perfection de ces ouvrages. Ils avoient fait venir de Florence le célébre Francine, habile dans les mécha-

niques & dans l'hydraulique. Ces ma- S. Germain.
gnifiques grottes ont subsisté jusque vers
l'an 1643. tems de la minorité de Louis
XIV. Les différens troubles qui l'agi-
térent, firent négliger l'entretien des
terrasses, sous la chûte desquelles les
machines ont été abîmées.

Le mur qui soutient cette troisiéme
terrasse, est percé d'arcades qui forment
une galerie, dont le milieu est décoré
d'un Ordre Toscan. Ainsi cet Ordre
sert de base aux deux autres, qui forment
ensemble le plus bel amphithéâtre qui
soit dans l'Univers. Joignez à cela
que la Seine roule ses eaux à ses pieds,
comme pour rendre hommage à tant
de beautés. Il y a de plus deux terrasses de plein pied, voûtées & terminées par deux pavillons carrés. *Jule-
Hardouin Mansard* a élevé la plus grande partie de cette façade sous Louis
XIV.

Sur les côtés du Château neuf il y
avoit deux jardins auxquels les galeries communiquoient. A droite est le
Boulingrin, ainsi nommé par Henriette
d'Angleterre, première femme de Monsieur frére de Louis XIV. On l'a ouvert plus qu'il n'étoit alors, pour découvrir la vûe de Marly qui n'exis-

toit point encore. La terraſſe régnant dans toute la longueur, eſt une de ſes principales beautés, & la vûe qu'on y découvre en rend la promenade des plus agréable. L'autre jardin du côté du Parc, nommé de M^e. la Dauphine, parce qu'elle s'y promenoit fort ſouvent, eſt ſoutenu d'une terraſſe pareille à celle du boulingrin. A côté de ce jardin, à la gauche du Château, il y a une Orangerie.

Il ne reſte plus à voir que la grande terraſſe, qui eſt en même tems un monument & de la magnificence de Louis XIV. & du mérite de le Noſtre. Elle a 1200 toiſes de long ſur 15 de large; ſon mur eſt ſolidement bâti, avec un beau baſtion qui la termine au Parc aux lièvres. Il y a vers ſon milieu une demi-lune, plantée d'ormes & de charmilles.

Le petit Parc, contigu aux jardins & à la grande terraſſe, contient 416 arpens, & eſt percé de routes.

La forêt de Saint-Germain, une des plus belles du Royaume, a 5714 arpens, ſuivant l'arpentage fait en 1686. On l'a nommée la forêt de Laye à cauſe de la quantité de ſangliers qui l'habitoient. Comme ſon terrein eſt ſablonneux, on peut y chasser en tout tems; ce qui fait que le Roi y prend le divertissement de la chasse dans les plus mauvaises saisons. Il y a vingt-cinq portes aux passages des grands chemins.

Le Château du Val est un petit bâtiment situé à une des extrémités du petit Parc, au bout de la grande terrasse. Ce n'étoit autrefois qu'un simple pavillon où les Rois faisoient quelquefois des retours de chasse; mais Louis XIV. l'a fait rebâtir d'un autre goût par *J. H. Mansard*. Il y a au milieu du bâtiment un grand salon carré & voûté en dôme : ce salon sépare deux appartemens bas, fort commodes pour toutes les saisons, y ayant des poëles placés dans l'épaisseur des murs qui échauffent plusieurs chambres à la fois.

Le Monastére des Loges est aussi enclavé dans la forêt. Il est au bout de la grande route en face du Château vieux, dont il termine le point de vûe. La Reine Anne d'Autriche y fit faire un petit pavillon où elle alloit fort souvent, étant à S. Germain.

L'Hôtel de Noailles, appartenant à M. le Duc d'Ayen, mérite la visite

S. GERMAIN. du Voyageur. Le bâtiment élevé par *J. H. Manſard* ſe préſente à gauche en entrant, avec un veſtibule formé de colonnes Doriques. On voit au raiz de chauſſée une galerie ornée de ſeize tableaux de moyenne grandeur, peints par *Parrocel d'Avignon*, & repréſentant l'hiſtoire de Tobie.

Les jardins ſont grands & plantés avec goût. Il y en a un pour les plantes médicinales, avec une ſerre chaude, & un fleuriſte orné de deux théâtres & terminé par la ſerre des Orangers.

MAISONS.

MAISONS.   M. de Voltaire feint agréablement dans ſon Temple du Goût, que lorſqu'il y arriva, le Dieu s'amuſoit à faire élever en relief le modéle d'un Palais parfait, ſuivant l'Architecture extérieure du Château de Maiſons. Il a été bâti par *François Manſard* pour René de Longueil, Préſident du Parlement, & Sur-Intendant des Finances, & il appartient préſentement à M. de Soyecourt, qui eſt de la même famille.

On arrive à ce Château ſitué à une lieue en deça de S. Germain, par trois avenues diſpoſées en croix, & ayant

[marginal handwritten note: M. de Soyecourt n'eſt pas de la famille des Longueil de maiſons, mais il a hérité de Mr. de Maiſons le nom de Mr. de Soyecourt eſt boisfranc.]

DES ENVIRONS DE PARIS. 165

chacune deux pavillons séparés par un fossé & décorés d'Architecture. La principale, percée de routes dans la forêt de S. Germain, a pour perspective deux gros pavillons ornés de corps de refend, & de colonnes Doriques portant des grouppes d'enfans. Ces pavillons ferment les deux avant-cours.

MAISONS.

Sur la gauche de la seconde s'éleve un superbe bâtiment destiné aux Ecuries. Elles ont onze croisées de face, & sont décorées de pilastres Doriques, & terminées par deux pavillons à pans, avec des portes grillées ornées de trophées & de consoles. Le milieu forme un avant-corps de six colonnes qui portent autant de vases, & est surmonté d'un Attique avec un lanternon où est l'horloge. Dans le centre de cet avant-corps, quatre pilastres composites font une rotonde couronnée d'un fronton, & accompagnée d'une coquille & de trophées : on a sculpté des chiens sur le retable de la principale croisée. Un trophée soutenu par des lions, & trois chevaux à mi-corps font le couronnement de la fenêtre du milieu du raiz de chaussée.

Le plan de ce bâtiment est très-curieux. On trouve au milieu un grand manége couvert, accompagné de deux écuries de chaque côté. Au-deſſus du manége eſt une galerie, & au bout deux petites écuries. Deux autres terminent dans le fond cette galerie, avec des paſſages qui vont à une grotte ſervant d'abreuvoir. Le logement des palfreniers eſt autour de ces bâtimens, & il y a de plus trois cours avec des dégagemens.

Vis-à-vis ces écuries on devoit conſtruire un pareil bâtiment, dont il n'y a d'élevé que le portique du milieu.

Du côté de la cour, la façade du Château conſtruit dans le goût antique, eſt décorée de deux Ordres d'Architecture: le premier qui régne tout au pourtour eſt Dorique, le ſecond eſt Ionique antique, orné de quatre vaſes & ſurmonté d'un Attique. Les deux pavillons carrés qui en occupent les extrémités, forment des corps avancés, au devant deſquels s'élevent à la hauteur de l'entablement Dorique deux autres corps de bâtiment ſervant de terraſſes. La juſteſſe des proportions de cette Architecture n'eſt pas moins à obſerver que le choix des ornemens. Sur les côtés de la cour on a planté deux quinconces, avec un baſſin au milieu.

Le quinconce de la gauche est terminé par un joli bâtiment qui sert d'Orangerie. Il ne faut pas oublier de remarquer que le Château est entouré de fossés secs, bordés d'une belle balustrade.

Le vestibule est décoré de colonnes & de pilastres d'Ordre Dorique : ces colonnes sont d'une seule piéce, & ont des cannelures séparées par des listeaux dans le goût de celles du Château des Tuileries du côté du jardin. Sur la corniche sont des figures d'aigles, aux encoignures, & quatre lunettes ornées de bas-reliefs. On admire les deux grilles de ce vestibule travaillées en fer poli : celle de la cour a cinq panneaux remplis par un pilastre à double balustre, entouré d'un ornement en entrelas & à jour. On voit dans le dormant un Satyre terminé en rinceaux & couronné par deux enfans. Le milieu de la grille sur le jardin est occupé par un cartouche ovale, que remplit un caducée entouré d'épis de blé & de feuilles de chêne. Ce cartouche est environné de quatre panneaux de rinceaux & d'un guillochis avec des masques, qui tourne tout autour. La premiére grille qui est l'ouvrage d'un Serrurier François, est supérieure à la seconde faite par un Allemand. Elles sont d'une si grande beauté, qu'on les a enfermées dans des volets de bois.

A gauche du vestibule on trouve l'antichambre & la salle de compagnie, tendue d'une tapisserie d'après Jordaans.

L'Escalier placé sur la droite est de forme ronde, & construit de pierres de liais. Quoiqu'il soit très-éclairé, il tire encore du jour d'un lanternon. A la hauteur du premier étage, cet escalier est orné de pilastres Ioniques, entre lesquels sont de larges corniches portant des grouppes d'enfans : ils représentent, l'un les trois Arts de la Peinture, de la Sculpture, & de l'Architecture ; l'autre un concert ; le troisiéme l'Hymen & l'Amour, & le quatriéme l'Art Militaire. Au-dessus de quatre portes, tant feintes que véritables, sont sculptés des médaillons entourés de listels.

A droite est l'appartement de la Reine, dont les meubles sont de velours cramoisi avec des galons d'or. La tapisserie a été faite sur les desseins d'Albert Durer.

L'appartement du Roi est vis-à-vis. On trouve d'abord la salle des Gardes, éclairée

éclairée par six croisées, & tendue d'une tapisserie donnée à M. de Maisons, lorsqu'il étoit Chancelier de la Reine-mére. A l'entrée de cette salle est une tribune faite en trompe, & en face une grande arcade, avec une balustrade qui ferme la partie où est la cheminée. Les dessus des portes & des fenêtres offrent des figures & des fleurs peintes en Camayeu.

 La chambre du Roi qui suit, a des meubles de velours violet galonnés d'or. Elle communique à une autre chambre ornée de Caryatides dans un Attique renfoncé au plafond. A côté est un joli cabinet rond, parqueté & lambrissé de piéces de bois de rapport très-bien travaillées. Le pourtour des murs est embelli de pilastres Ioniques entre-mêlés de glaces, & le plafond forme un dôme.

 Du côté du Parc qu'on dit avoir dix à douze cens arpens, la face du Château ne différe de celle qui regarde la cour, qu'en ce que le milieu forme un double avant-corps, & que par les croisées des deux pavillons on passe sur une terrasse soutenue de quatre colonnes Doriques. Il faut remarquer que le

I. Partie.   H

toît du Château est couronné d'une terrasse bordée d'un balcon de fer.

Le long du bâtiment régne une magnifique terrasse, d'où l'on descend dans un parterre terminé par la riviere de Seine. Au pied de la terrasse à gauche, entre les rampes de l'escalier qui a la forme d'un fer à cheval, est une petite cascade consistant en cinq mascarons qui forment autant de nappes. De ce même côté on a planté quelques salles ornées de figures de marbre.

DAMPIERRE

Est situé dans un vallon, & appartient à M. le Duc de Luynes. En face de la porte d'entrée, est une colline, sur laquelle on a pratiqué une grande coquille de gazon avec des allées d'ormes sur les côtés. Deux cours précédent le Château ; la première est séparée par une balustrade de la seconde, qui conduit à gauche dans les potagers, & à droite dans les basse-cours. Celle-ci est bordée de deux aîles de bâtiment détachées du corps du Château, & soutenues de neuf arcades en galeries découvertes. Elles font l'ouvrage de *J. H. Manſard*.

Le Château bâti par le Cardinal de Lorraine eſt flanqué de tours rondes aux angles de ſes pavillons, & entouré de foſſés d'eau vive à fleur de terre. Son toît eſt en Manſarde : toutes les fenêtres ſont entourées d'un bandeau de brique, & celles du raiz de chauſſée ont pour appui des baluſtres de pierre.

L'aîle gauche a vûe ſur une magnifique piéce d'eau de dix huit arpens qui fait un coude, au bout de laquelle on a pratiqué une île flanquée de quatre petits pavillons en baſtions, dont deux ſervent de cabinets de converſation, un autre de cuiſine, & le quatriéme de lieux à l'Angloiſe. Celui du milieu qui eſt le plus grand, renferme un ſalon à pans, dans les angles extérieurs duquel quatre maſques forment des nappes tombant dans de petits baſſins de plomb. Ces cinq pavillons ſont terminés à l'Italienne par des baluſtrades ſurmontées de vaſes & de grouppes d'enfans. Ils forment un petit palais enchanté, où l'on arrive en bateau.

H ij

Sortant d'un lieu aussi agréable, on se proméne dans une piéce longue soutenue d'allées doubles, gazonnées & parallèles qui partent du Château: elle est remplie de quatre grandes piéces de gazon composées d'un cercle au milieu, & ornées de plusieurs salles, dans l'une desquelles est un petit réservoir pour les fontaines de l'île.

Revenant vers le Château, le long de la piéce d'eau, on trouve sur la droite un petit canal pour les truites, avec une petite nappe à la tête. Au-dessus la montagne est coupée de plusieurs allées vertes, & de salles dont une ronde où aboutissent dix allées. Une descend vers un canal faisant l'equerre, & tournant autour de deux bosquets qui terminent le petit Parc. Le premier est orné d'un bassin en forme de trefle, & entouré d'allées doubles & de banquettes de charmille : les carrés sont remplis par deux salles & deux petits labyrinthes extrêmement jolis. Le second est une île

.... Où l'Art humble & soumis,
Laisse encor régner la Nature.

Rousseau, Ode à M. Rouillé.

Cette île ornée de quatre piéces de ga-

zon en coquille & d'une gerbe au milieu, vous rapproche du Château. Sa
face de ce côté a quinze croisées, décorées d'un fronton dans le milieu où
est le buste du Duc, entouré d'attributs relatifs aux Arts & à la Guerre.
Ce fronton est surmonté d'une balustrade avec quatre vases.

Le parterre qui est à l'Angloise, présente d'abord quatre bassins avec leurs
jets, & ensuite une piéce longue, décorée à sa tête d'une nappe de 54 pieds
de large : elle est accompagnée d'un
Fleuve & d'une Nayade portés sur des
socles, dans les panneaux desquels sont
deux mascarons qui jettent une grande quantité d'eau. Ces figures group-
pées avec des enfans, sont l'ouvrage
de *Scheemaeckers*. Une rampe de gazon vous éleve sur une terrasse terminée en amphithéâtre, entourée d'ormes en boule, avec leurs caisses de
charmille. Le centre de cette rampe est
occupé par trois bassins, dont l'eau
réunie avec celle de la nappe & des
masques, forme une autre nappe à
oreillons à la tête du canal en équerre dont j'ai déja parlé.

Le grand & le petit Parc comprennent cinq cens arpens, entourés de murs qui les féparent l'un de l'autre. Le petit a environ 150 arpens.

RAMBOUILLET.

Rambouillet fitué dans le Hurepois eft un gros Château appartenant à M. le Duc de Penthiévre, Amiral de France. Sur la droite régne un bâtiment neuf qui renferme la Capitainerie, les cuifines, les offices & les écuries. La principale peut contenir cent chevaux, & eft ornée de 204 têtes de cerfs dont les bois font naturels. Ces têtes font bien fculptées & coloriées par *Defportes*. Au-deffus de ce bâtiment il y a cinquante-quatre appartemens de Maîtres auffi commodes que bien meublés.

Le Château eft dans un fond, environné d'eau & de bois, ce qui en rend la fituation trifte. Cinq groffes tours flanquent ce Château, qui eft antique & conftruit de brique. L'appartement du Roi eft remarquable par fa grandeur & la magnificence de fes meubles. La falle des Gardes eft lambriffée & décorée des portraits de Louis

XIV, de M. le Dauphin son fils, de M. le Dauphin son petit fils, de Me. la Dauphine morte en 1712, de Louis XV, du Roi d'Espagne, & de la feue Reine d'Espagne. Un autre ornement de cette salle est une grande carte peinte sur toile du Duché de Rambouillet, qui occupe un espace de 27 pieds de long. Ce morceau magnifique a coûté dix mille écus.

RAMBOUILLET.

Du côté des jardins, une piéce d'eau de 180 toises fait face au Château : elle communique avec un canal régnant tout le long du jardin, & qui a près de 380 toises de long, sur 20 de large, sans compter le retour qu'il fait du côté de l'abreuvoir & de la futaye.

Le jardin ne s'étend que sur les côtés du Château. A droite c'est un quinconce de tilleuls, & à gauche un parterre de fleurs avec une piéce d'eau. Une autre de 90 toises de long, sur 45 de large, sépare ce parterre du grand chemin de Chartres.

Le Parc renferme 2400 arpens, & la forêt près de 30000, dans laquelle sont tracées plus de 300 lieues de routes pour la chasse.

H iiij

ANET.

ANET.

[marginalia: ce chateau apartient aprésent à M. le duc de penthievre]

Ce Château situé dans le pays Chartrain à seize lieues de Paris, est à M. le Prince de Dombes. *Philibert de Lorme* le construisit par ordre de Henri II. pour Diane de Poitiers, Duchesse de Valentinois. M. de Voltaire dit ingénieusement que l'Amour

Henr. ch. IX.

.... En ordonna la superbe structure.
Par ses adroites mains avec art enlacés
Les chiffres de Diane y sont encor tracés.

Son entrée est formée d'un portique de quatre colonnes Doriques, dont l'archivolte ornée de festons de bronze interrompus par des agrafes en marbre noir, est occupée par une figure en bronze de Diane, couchée & environnée de chiens & de sangliers. Ce portique est incrusté en plusieurs endroits de panneaux de marbre. Son Attique porte une balustrade arrondie autour d'une terrasse, d'où s'élève un petit corps d'Architecture soutenant un cerf & quatre chiens de bronze qui japent à chaque heure, avant que le cerf la frappe avec le pied droit de devant.

La cour est d'une belle grandeur. Le bâtiment du fond a un corps avancé, formé de trois Ordres de colonnes Doriques, Ioniques & Corinthiennes : entre celles-ci se voient quatre Vertus en médaillons, surmontées des armes de Henri II. & de Diane de Poitiers, dont le croissant paroît sur les cheminées & sur la plûpart des fenêtres. Il règne sur toute la longueur de ce corps de logis une galerie couverte soutenue par des colonnes Toscanes.

La Chapelle placée sur la droite est annoncée par un vestibule. Sa forme est celle d'une rotonde, dont la coupole surchargée d'un campanille, est compartie en panneaux de relief, dont les roses sont peintes. Les pilastres ont des chapiteaux à feuilles d'eau, dont les entre-deux sont occupés par des niches où sont placés les douze Apôtres. Huit Anges en bas-relief, tenant des trompettes, remplissent les pendentifs.

Les peintures des vîtres de cette Chapelle sont au rang des choses qui méritent davantage la curiosité des Etrangers. Celle qui est au-dessus de l'Autel représente N. S. apprenant à prier à

H v

ses Apôtres. Le Peintre n'y a employé que deux couleurs, le blanc & le noir, ce qui fait que ces peintures, outre le bon goût du dessein, ont un mérite particulier, en ce que la lumière n'en reçoit presque point d'altération.

Le grand escalier qui est moderne, fait face à la Chapelle. Des pilastres Ioniques portés sur des corps de refend forment sa décoration extérieure. L'intérieure est une Architecture Corinthienne ornée de bustes de marbre.

L'appartement du Roi est à droite. On a placé sur la cheminée de la salle des Gardes dont la grandeur égale la beauté, le portrait du Duc de Vendôme à cheval, & sur les murs ses batailles au nombre de quatre ; savoir le siége de Barcelonne, celui de Brihuega, la bataille de Cassan, & celle de Villa Vitiosa.

Le plafond est comparti de dix-huit petits panneaux dorés sur un fond blanc, où se voient les chiffres & devises de Henri II. & de Diane de Poitiers. Suit un cabinet carré dont le plafond est du même goût ; il communique d'un côté à la chambre à coucher terminée par une garde-robe, & de l'autre au cabinet appellé *des Singes*, à cause de sa tapisserie faite à la Savonnerie, où des singes sont représentés occupés aux différens exercices des quatre Saisons.

Le raiz de chaussée est peu exhaussé. Au milieu est le salon de marbre qui occupe deux étages ; il est orné de trophées & d'enfans dorés, & revêtu de marbre de Languedoc jusqu'à la hauteur de sa corniche. A gauche se présentent le billard, & le cabinet des Muses peintes en or sur les lambris. Suit le grand cabinet dont le plafond est doré avec quatre petites chasses. Sur la cheminée on voit une petite figure équestre & d'argent de Diane de Poitiers. A droite est le salon du jeu, orné de treize trumeaux de glace d'une seule piéce, dont les bordures sont de marbre. Au plafond se voient de petites figures d'animaux, d'oiseaux, & d'Amours, peintes par *Audran*.

Le face du Château du côté des jardins a deux pavillons, des tourettes dans les angles, & des bustes de marbre dans les trumeaux. D'une première terrasse vous en découvrez une seconde, qui descend dans un parterre bordé de deux doubles allées de marroniers, avec des tapis de gazon qui retournent en équerre, & forment dans le milieu une piéce ronde. Il se présente au-dessus un canal à ressauts qui revient vers le Château par deux magnifiques canaux, entre lesquels & les deux terrasses on trouve deux parterres à l'Angloise. Sur celle de la gauche on apperçoit un portique d'Architecture rustique, décrivant une portion circulaire qui renferme la fontaine de Diane. Cette Déesse est en marbre, & couchée sur un piédestal fort élevé, au milieu d'un bassin nourri par une gerbe.

On découvre de dessus cette terrasse, au milieu d'une vaste prairie, un très-beau canal fourni par la rivière d'Eure, qui retombe par une chûte de trois pieds de haut sur vingt toises de long; & un autre plus petit formé par la même rivière, dont la chûte n'est que le tiers de l'autre.

La gauche est occupée par un beau bois de haute futaye, percé de grandes allées en étoiles & en pattes d'oie, & bordé d'un petit canal qui porte au grand une partie des eaux de la rivière.

Dans une petite langue de terre au-dessus on a pratiqué une île appellée *l'île d'Amour*, que forme une enfilade de huit petites salles d'un très-élégant dessein. Au sortir de cette île vous allez par une porte du Parc à un Couvent de Cordeliers ; & traversant le pont, vous vous rendez dans trois bosquets fort agréables, plantés en labyrinthes, avec une allée double qui termine le Parc.

En dehors, sur la droite du Château & par delà l'esplanade, est planté un bosquet de neuf arpens orné d'un boulingrin, d'une étoile & de plusieurs salles de marroniers. Le potager qui est contigu, a sept arpens, & est terminé par une salle de Comédie, & par les écuries qui forment deux grands corps de logis, avec trois pavillons.

Il ne reste plus à voir qu'une Chapelle qui est une annexe de la Paroisse d'Anet, & que l'on voit à gauche en arrivant au Château. Le tombeau de Diane de Poitiers, morte en 1566, âgée de 66 ans, est placé au milieu du Chœur de cette Chapelle. Sur un socle de marbre noir sont quatre Sphinx de marbre blanc, qui portent un sarcophage sur

182 VOYAGE PITTORESQUE

ANET.

lequel la Duchesse de Valentinois est à genoux, les mains jointes, sur un prié-Dieu qui soutient un livre de prières.

Fin de la première Partie.

VOYAGE PITTORESQUE
DES ENVIRONS DE PARIS.

SECONDE PARTIE.

Our voir les belles maisons situées au Midi de la Ville de Paris, il faut sortir par la Porte Saint Jacque. Le premier endroit qui puisse arrêter le Voyageur, est

BICÊTRE.

Le puits de ce Château peut être placé parmi les beaux morceaux d'Architecture, quoique ces ouvrages qui ne

BICESTRE.

BICESTRE. dépendent ordinairement que de la maçonnerie, ne méritent pas beaucoup d'attention. Ce puits a seize pieds de diamétre dans œuvre, sur vingt huit toises & demie de profondeur. La machine qui éleve l'eau, est dans un manége, au milieu duquel est un grand arbre debout. Sur un tambour placé au haut de cet arbre tournent deux cables dont l'un file & l'autre défile, & qui passent sur deux poulies placées au haut du puits. Au bout de ces cables sont deux gros sceaux percés dans le fond, qui se remplissent par des soupapes. Lorsqu'ils sont au haut du puits, des crochets de fer les accrochent, & les font pancher en montant, pour qu'ils se vuident dans un grand réservoir qui contient quatre mille muids d'eau. Ce réservoir qui a 63 pieds en carré sur huit pieds de hauteur d'eau, est voûté de pierres de taille, soutenu sur quatre piliers, & revêtu de tables de plomb laminé. Des tuyaux de plomb portent ensuite l'eau dans les endroits de la maison où elle est nécessaire. C'est *Boffrand* qui a fait construire ce bel ouvrage, qu'on peut dire unique dans son espéce.

ARCUEIL.

L'Aquéduc d'Arcueil égale en beautés les ouvrages des Romains, qui nous restent en ce genre. *De Brosse* le construisit au commencement du siécle dernier, par les ordres de Marie de Médicis. Cet Aquéduc qui procure au quartier de Paris le plus élevé une eau très-salubre, a 200 toises de long sur 12 de haut dans sa plus grande élevation. On y compte vingt arcades, avec une corniche ornée de modillons, qui porte un Attique. Près delà se voient les vestiges d'un ancien Aquéduc élevé sous le régne de Julien l'Apostat.

SCEAUX

Est l'ouvrage du grand Colbert, qui chargea le Brun de tous les embellissemens de ce lieu, & le Nostre de la conduite des jardins. Le Duc du Maine & ensuite la Duchesse y ont fait des changemens & des augmentations si considérables, qu'ils ont rendu Sceaux un séjour de délices. Il appartient présentement à M. le Comte d'Eu.

Ce Château n'est éloigné de Paris

SCEAUX. que de deux lieues. On y arrive par une avenue à quatre rangs d'arbres qui rend au grand chemin d'Orléans. Elle est suivie d'une demi-lune séparée par un fossé sec de la cour du Château composé de sept pavillons, avec des galeries qui communiquent de l'un à l'autre. On remarque sur le fronton une Minerve, sculptée par *Girardon* : elle est assise fort haut & à moitié debout, en sorte que de quelque côté qu'on la considére, elle paroît toute entière.

La Chapelle est placée à l'extrémité de l'aîle gauche, dans un pavillon carré en dehors & circulaire en dedans. Elle est ornée de pilastres Corinthiens qui portent un plafond cintré en forme de coupe, peint à fresque par *le Brun* : le sujet est l'ancienne Loi accomplie par la Nouvelle. On y voit Dieu le Père dans sa Gloire, qui paroît proférer ces paroles : *C'est ici mon Fils bien-aimé, écoutez-le.* Plusieurs Anges sont dispersés autour du plafond; les uns jouent des instrumens, les autres tiennent des encensoirs, le Chandelier, l'Arche d'Alliance, &c. Gérard Audran a gravé ce beau morceau en cinq piéces.

A la place du tableau d'Autel, *Tuby*

a sculpté d'après le dessein de le Brun deux grandes figures de marbre blanc sur un fond noir, représentant le Sauveur baptisé par S. Jean. Le Saint-Esprit paroît descendre sur lui dans ce moment.

Aux côtés de l'Autel, *Marsy* a sculpté dans deux bas-reliefs de marbre, des Anges qui font sortir des Limbes les Patriarches & les Justes de l'Ancien Testament. Plus haut on voit l'Histoire de S. Jean, peinte par *le Brun* dans quatre ronds en camayeu; au-dessous on a exécuté sur ses desseins deux bas-reliefs de plomb doré, représentant le Saint prêchant & baptisant dans le désert.

L'appartement du raiz de chaussée sur le petit jardin de fleurs étoit celui de la Princesse; on y trouve plusieurs piéces très-ornées de Sculptures & de porcelaines des plus curieuses. Le petit appartement au haut du Château, nommé la Chartreuse, fort recherché dans tous ses ajustemens, étoit une retraite pour la Princesse quand le grand monde la fatiguoit.

Les jardins ne sont pas moins agréables par leur situation que par les diverses beautés que l'Art y a créées. On descend d'abord par deux terrasses dans un parterre à l'Angloise, orné de deux grands bassins : il est suivi d'un autre parterre émaillé de fleurs, qui a pareillement son bassin, & qui conduit à une belle figure en bronze du Gladiateur antique. Sur la droite vous trouvez une demi-lune avec des allées tournantes, près de laquelle sont deux réservoirs, & le petit Château des Princes.

En revenant dans le Parc, on apperçoit une Diane en bronze donnée à M. Servien par Christine Reine de Suéde : elle est au milieu d'une demi-lune d'eau qui sert de réservoir. Près delà sont deux grands bois ; l'un appellé le bois de Pomone, est orné d'un grand bassin & de figures de marbre ; l'autre, outre un bassin parallèle à celui du premier, offre à ses extrémités deux bosquets : le premier fait en lozange est décoré de deux rochers suans ; le second, dit la salle des tilleuls, présente un combat de deux Gladiateurs en marbre.

Entre ces bois & le Château est un endroit remarquable qu'on nomme les goulettes ou le caprice. Pratiquées entre deux allées doubles de marroniers, elles confiftent dans un baffin avec une gerbe qui par différentes rigoles ménagées dans le gazon, tombe par des nappes contigues dans une plus grande rigole où il y a fix jets.

Au-deffus eft le potager qui contient neuf arpens. Le pavillon de l'Aurore placé au milieu, a un plafond peint à l'huile par *le Brun*, & repréfentant cette Déeffe avec fa fuite brillante, qui abandonne Céphale pour commencer à éclairer l'Univers. Elle tient la route du Zodiaque, & regarde le Point du jour qui la précéde. Son char eft attelé de deux courfiers pleins de feu ; l'Amour tient les rênes de l'un, l'autre eft conduit par deux Amours, dont un éleve une couronne au-deffus de fa tête, l'autre tire à lui une guirlande que tient Flore avec un jeune homme, fymbole du Printems. Une grande guirlande portée par plufieurs Amours prend naiffance de la Terre, & retombe fur le pied d'un taureau, figne du mois d'Avril. Au-deffus, une fuivante de l'Aurore répand la rofée. La Terre perfonnifiée par une femme appuyée fur une urne, fait rayer le lait de fon fein, en même tems qu'elle fe débarraffe de fon manteau, d'où quantité d'oiseaux se répandent dans les airs. Plus haut on remarque la Vigilance, dont le coq est le symbole. Dans l'éloignement le char du Soleil commence à paroître. Une femme plus avancée & couchée sur des gerbes de blé, caractérise l'Eté. Vis-à-vis la Terre on voit l'Automne, Bacchus & Silène. Derrière ce Dieu un jeune homme tire de l'arc, pour marquer que les grandes chasses se font en automne. A droite & à gauche sont Castor & Pollux. Au-dessus de la porte d'entrée se voit la Nuit sous la figure d'une femme déployant un rideau, d'où sortent des oiseaux nocturnes. Autour d'elle des spectres & des phantômes expriment la diversité & l'ambiguité des songes. Les Heures de la nuit répandent leurs pavots, tandis que la lune se précipite au lever du soleil. Au milieu de ce plafond paroît dans le Zodiaque la Balance, signe de l'équinoxe d'Automne. Il a été gravé par G. Audran.

Les plafonds des deux petits cabinets qui composent le pavillon de l'Aurore, sont peints par M. *Delobel*, qui a représenté dans l'un, Zéphire & Flore, & dans l'autre, Vertumne & Pomone.

DES ENVIRONS DE PARIS. 191

Il reste encore à examiner la partie gauche des jardins. Près des appartemens est un petit parterre bordé d'un fossé avec des jets, & orné d'une fontaine qui tombe en nappe, dont la coupe est de marbre. Vous passez delà dans un parterre long, au milieu duquel se trouvent deux piéces de gazon, & un bassin cintré avec son jet. Plusieurs figures de marbre, des bustes placés le long des berceaux couverts de jasmins & de chevre-feuilles qui l'entourent, rendent ce lieu des plus rians & des plus délicieux.

On peut voir ensuite la serre de l'Orangerie qui sert de galerie durant l'été. Sa face est ornée d'une figure d'Hercule en marbre, & d'un bassin octogone, autour duquel on range les Orangers.

La Salle des marroniers qui n'est pas éloignée, n'a pour ornement qu'un bassin, du milieu duquel s'éleve une belle gerbe. On trouve dans le bosquet suivant une demi-lune, avec une patte d'oie de quatre allées, & trois fontaines en chandeliers. Deux figures en gaînes sont adossées à la palissade de l'allée du milieu qui conduit à la galerie d'eau. Mais avant de visiter ce bel endroit, il faut voir la fontaine du rocher. C'est une espéce de rocaille, d'où l'eau tombe dans plusieurs rigoles qui serpentent autour de quelques arbres de ce bosquet. Le milieu est comparti en piéces de gazon entourées de plate-bandes de fleurs, & en différentes salles formées par des treillages à hauteur d'appui.

La galerie d'eau, ou la salle des Antiques, présente deux rangs de bustes placés dans des niches sur des scabellons. Entre ces bustes, des jets au nombre de neuf de chaque côté s'élevent à la hauteur des treillages qui sont derrière. Dans le milieu de la galerie est une salle carrée, aux encoignures de laquelle sont quatre champignons, dont l'eau se réunit avec celle des jets qui s'élancent des rigoles.

On trouve ensuite un bosquet orné d'un bassin que l'allée du milieu sépare en deux parties. On l'appelle la fontaine d'Eole & de Scylla, parce que leurs figures en plomb y sont placées jettant des gerbes d'eau. Des têtes de chiens & de vents occupent les angles de ces deux bassins, & fournissent des lames d'eau. Cette heureuse idée

idée est dûe au génie de le Brun.   SCEAUX.

L'allée de ce dernier bosquet a pour perspective le fameux Hercule Gaulois de *Puget*; il paroît à demi-couché, se reposant sur sa massue, & s'appuyant sur un bouclier où le Sculpteur a mis trois branches de lys, par allusion aux armes de France. Cette belle figure qui a sept à huit pieds de proportion, n'a été placée ici qu'après avoir été long-tems dans l'avant-cour du Château.

Il y a encore de ce même côté un réservoir, un labyrinthe & quelques-autres piéces avec des fontaines, dans le détail desquelles je n'entrerai point pour passer à un objet plus important; c'est LA GRANDE CASCADE. Elle est fournie par la gerbe d'un bassin supérieur & par deux champignons, dont l'eau sort par les urnes de deux fleuves placés dans les rocailles d'une terrasse, sur les côtés d'un grand escalier. Ces fleuves dont un est de la main de *Coyzevox*, sont accompagnés chacun d'un enfant.

Neuf cierges fournissent les nappes & les masques qui tombent dans le bassin de la seconde chûte entre les escaliers. L'eau traverse ensuite une

SCEAUX. allée pour former cinq buffets fournis par les neuf jets de la rigole au-dessus. Trois mascarons font jouer dix-sept nappes consécutives; & à chaque chûte il y a un bouillon & deux rangs de chandeliers de chaque côté, jusqu'au dernier bassin où l'on voit une double nappe avec quatre jets plus élevés. Toutes ces eaux se rendent dans une piéce octogone de dix arpens, dont le jet a soixante-dix pieds de haut. Cette piéce retourne par un canal dans un plus grand de 500 toises de long sur 25 de large, entouré d'un double rang d'arbres aquatiques.

La Ménagerie située en dehors du Parc le long du grand chemin de Versailles, est le dernier endroit remarquable de Sceaux. Vous trouvez d'abord un parterre, terminé d'un côté par une basse-cour & un petit potager, & de l'autre par deux carrés d'eau, où l'on voit en tout tems un grand nombre d'oies & de canards. Vous montez ensuite dans une grande piéce longue compartie en gazons & en fleurs, & entourée d'allées en terrasses qui découvrent une riante campagne.

Au milieu de la Ménagerie s'éleve sur des gradins de gazon un joli pavillon de forme ronde avec des pans, accompagné de deux vestibules. Les dedans de ce pavillon sont simples & de bon goût; ils ne servoient à la Princesse qu'à venir prendre des rafraîchissemens. C'est *la Guespiere*, Directeur des bâtimens du Duc de Wirtemberg, qui en a été l'Architecte.

SCEAUX.

BERNY

Est un beau Château, servant de maison de plaisance aux Abbés de Saint Germain des Prés. La façade présente dans son milieu un corps avancé, plus élevé que le reste de l'édifice qui est un des premiers ouvrages de François Mansard. Quatre pavillons occupent les côtés du Château, en face duquel est un beau canal fourni par la rivière de Bievre, qui tombe en cascade sous le balcon d'un des deux pavillons qui le terminent. Ce canal borde les bois, & sert de clôture de ce côté-là au Parc. Sur la droite de la cour s'élève un portique d'Architecture, servant d'entrée au jardin, & décoré de huit frontons ornés de bustes de marbre : dans les niches sont six figures d'après l'Antique.

BERNY.

M. le Cardinal Delaroche aymé abbé de St germain des prés, a loué cette Maison à M. le prince de Marsan

BERNY.

Le jardin n'est pas d'une grande étendue. On trouve d'abord un bois coupé de quantité d'allées formant des salles, des étoiles, & des tournans fort agréables; on y a réuni plusieurs sortes de jeux, tels que l'Escarpolette, la Bague & l'Arc. Au bout de ce bois, se présente un très-grand bassin rond, avec un champignon au milieu; & le reste du terrein est occupé par un joli labyrinthe. En face du Château sont quatre piéces de gazon ornées de vases; & dans leur centre il y a une piéce d'eau à oreilles, cintrée par les deux bouts.

Le potager est d'une grandeur considérable, avec un bassin au milieu, & une allée en boules qui traverse celle du parterre contre le Château.

Le quinconce d'ormes planté des deux côtés du grand chemin, forme un très-bel aspect, & une agréable entrée à ce Château.

Du tems du Cardinal de Furstemberg, Abbé de Saint Germain, Berny étoit orné de fontaines & de piéces d'eau qui ont été depuis supprimées. On distinguoit entr'autres une île entourée d'onze jets, & située dans un boulingrin à l'extrémité d'un grand miroir d'eau. Le théâtre de fleurs rangées sur deux rangs de gradins à trois étages, étoit visité des Curieux, tant pour la beauté des fleurs, que pour leur décoration qui changeoit tous les mois.

VILLEGINIS

Appartenant à Mademoiselle de Sens, est une de ces maisons qui ornent les dehors de la Capitale. On ne peut rien voir de meilleur goût que les appartemens du premier étage & du raiz de chaussée, où sont six chasses, peintes par *Desportes*, dont les deux plus grandes ont été gravées par Joullain. Le Château élevé sur les desseins de *d'Ulin*, est des plus réguliers, & environné de fossés pleins d'eau vive. Les bains & l'Orangerie sont à droite.

Les parterres ornés de vases sont terminés par plusieurs allées, qui conduisent à une belle piéce d'eau cintrée & d'un arpent & demi; elle est entourée de rampes soutenues d'un talus, avec une figure dans le point de vûe.

Au-dessus des parterres on a pratiqué plusieurs cabinets de charmille, dans l'un desquels est une Diane, du fameux *Coustou*. Plus loin est une salle

[marginal note: à present à M. le Prince de Condé.]

198 VOYAGE PITTORESQUE

VILLEGINIS. ovale entourée d'arbres isolés, formant une étoile. Vous passez ensuite dans une autre étoile avec une salle ronde, à côté de laquelle est un bois, où se trouve une fontaine dont le bassin est de marbre; la partie supérieure du jardin est boisée & coupée en croix de S. André, en pattes d'oie, & en étoiles. On a formé dans le bout du Parc un grand bosquet, orné d'une salle octogone, avec quatre cabinets & une allée tournante.

CHILLY

CHILLY. Est un beau Château près de Longjumeau, dont M. Thiroux de Montregard, ci-devant Trésorier de la Maison du Roi, est Seigneur. Il fut bâti par *Metezeau*, pour le Maréchal d'Effiat, alors Sur-Intendant des Finances. Sa forme est carrée; quatre pavillons occupent ses angles, & sont terminés par une terrasse bordée d'une balustrade. Au milieu s'élève un campanille ouvert des quatre côtés, avec des pilastres & des frontons. Plusieurs grandes avenues annoncent ce grand édifice, précédé de deux cours qui s'enfilent, & qui sont entourées de bâtimens.

Dans la Chapelle placée au raiz de chauffée, *Perrier* a représenté l'histoire de Saint Antoine en dix tableaux, d'après les desseins de *Vouet*. Celui de l'Autel, qui est le meilleur, offre ce Saint qui voit en songe la Sainte Vierge & l'Enfant Jesus. Le plus grand est la Tentation de Saint Antoine ; mais il a été retouché. Il y a cinq morceaux de *Vouet* dans les compartimens du plafond : celui du milieu est l'Apothéose du Saint, & les quatre autres sont des ovales remplis par des Anges d'une grande beauté. Les petits enfans de stuc qui accompagnent ces ovales, forment des grouppes d'une extrême délicatesse. On y reconnoît aisément le ciseau de *Sarazin*.

Les appartemens ne sont recommandables que par leur grandeur. On voit au premier étage une galerie peinte par *Vouet*, aidé de Perrier, qui a long-tems étudié & travaillé sous lui dans ce Château. Le plafond est à compartimens de stuc, avec de grosses bordures autour des tableaux peints à fresque. L'Assemblée des Dieux est au milieu, & aux extrémités le lever du Soleil & celui de la Lune. Le reste est rempli par quatorze sujets de la Fa-

CHILLY. ble. Les murs sont ornés de Caryatides & de grouppes d'enfans, avec des panneaux carrés & ovales peints à l'huile, au nombre de onze de chaque côté, & un sur la cheminée. On y remarque Diane & Endimion, Neptune & Amphitrite, Andromède, Europe, Pan & Syrinx. Au-dessous sont de petits Paysages & des vûes de Châteaux, peints dans le goût de Paul Bril. Les ornemens de Sculpture & les Caryatides qui règlent l'Architecture de cette galerie, sont de *Sarazin*.

A l'entrée du parterre se voient deux arbres fort élevés, taillés en pain de sucre, sous lesquels une nombreuse compagnie peut se mettre à l'ombre. La terrasse sur la gauche du Château est fort belle, & on y jouit d'une vûe très-agréable. Le village de Lonjumeau y forme un tableau des plus variés, & le canal qui borde le jardin enrichit infiniment ce coup d'œil.

On trouve à droite plusieurs bosquets, parmi lesquels se distingue un labyrinthe, petit à la verité, mais coupé de plusieurs salles bien dessinées, avec des arbres isolés qui les entourent. Le potager & les vergers méritent aussi d'être vûs pour leur entretien, & le bon goût avec lequel ils font exécutés.

CHEMIN DE JUVISY.

L'Auteur de la Henriade fait dire au grand Colbert, par un esprit de prophétie, (Temple du Goût) *déja les grands chemins qui conduisent à la Capitale, sont des promenades délicieuses, ombragées de grands arbres l'espace de plusieurs milles, & ornées même de fontaines & de statues.*

Qui ne pense en lisant cette description, au beau chemin que le Roi a fait faire en 1728. sur la route de Fontainebleau ; ouvrage considérable, & qui a coûté des sommes immenses ? Pour bien en concevoir le travail, il faudroit avoir vû auparavant la situation du lieu : ce n'étoit qu'une montagne très-escarpée, sur laquelle on n'auroit jamais imaginé qu'on dût faire un chemin aussi aisé. Les obstacles y ont été surprenans ; outre la grande quantité de terre qu'on a remuée & transportée bien loin, on a trouvé dessous des roches considérables qu'on a été contraint de miner durant près de deux ans. Au pied de cette montagne coule une pe-

I v

CHEMIN DE JUVISY.

tite rivière : il s'agissoit de faire passer le nouveau chemin sur l'une & sur l'autre ; & c'est une des grandes entreprises de cet ouvrage, puisqu'il a fallu élever un pont d'une seule arche, dont la hauteur vint répondre au milieu de la descente du chemin.

Deux trophées sont élevés à la gloire du Roi sur un piédestal aux deux côtés du pont. D'une part est un grouppe d'Amours qui soutiennent un globe aux armes de France ; & de l'autre, on voit le Tems qui porte le médaillon du Roi couronné par un Génie. Au bas est la figure d'une femme, qui paroît désigner l'Hérésie ou la Discorde. Ces deux morceaux de Sculpture sont en pierre, & l'un des deux est de *Coustou l'aîné*. Au pied de chaque trophée coulent dans des bassins deux fontaines, qui furent découvertes au milieu des rochers dès le commencement de l'ouvrage. D'abord on ne savoit que faire de cette eau ; elle incommodoit même, parcequ'elle se trouvoit au milieu du chemin : on l'a amenée heureusement sur le pont, dont elle fait un des plus beaux ornemens.

VILLEROY

Est à huit lieues de Paris. On y arrive, ainsi qu'aux Châteaux remarquables, par une longue avenue qui prévient toujours avantageusement le Voyageur. Le Parc qu'on prétend avoir une demi-lieue d'étendue, forme trois terrasses. Celle du milieu est occupée par un parterre avec un grand bassin, & se termine en une demi-lune ornée de quatre figures en bronze, d'après l'Antique; savoir, Hercule-Commode, Apollon, Diane & Antinoüs. La seconde placée sur la droite, présente des compartimens de gazon, avec de petites figures de marbre dans les centres, un bassin & une piéce d'eau cintrée, formée par la petite rivière d'Essonne, qui fait de plus un canal & ferme le Parc de ce côté-là. On a planté sur les côtés deux quinconces, & des ormes taillés en boule. La troisiéme terrasse est au-dessus du Château & du parterre. Une belle allée vous conduit à une demi-lune, où est élevée une colonne antique, de marbre blanc veiné, dont les volutes du chapiteau sont formées par quatre cornes

VILLEROY.

VILLEROY.

de bélier. Il y a aussi quatre mascarons au lieu de roses. Cette colonne porte une figure de bronze d'un homme tenant un ceste.

Revenant vers le Château, on peut entrer dans un joli labyrinthe qu'embellissent plusieurs bustes de marbre: on voit près de là une figure en bronze du Gladiateur, Antique, placée au milieu d'un grand tapis de gazon.

Le Château a trois étages, avec des frontons & des corps de refend : son extérieur n'a rien de remarquable pour l'Architecture ; mais les dedans sont vastes & fort bien meublés.

La Chapelle placée à l'extrémité de la cour sur la droite, offre un très-grand tableau d'une Descente de Croix, peinte par *Rubens*, dont l'original est à Anvers. Celui-ci est une copie, qu'on dit retouchée de la main de ce fameux Peintre.

De la Chapelle on passe dans une petite galerie, remarquable par un modéle en bronze de la figure Equestre de Louis XIV. que Coustou l'aîné a faite à Lyon. La salle d'assemblée vient ensuite, suivie d'une piéce où l'on voit le plan de Villeroy, parfaitement exécuté pour l'union & le rapport de différens marbres. Ce plan est posé sur un pied doré, & forme une grande table entre les croisées. Vous entrez de là dans l'appartement du Roi, précédé d'une salle des Gardes, ornée des portraits en pied au nombre de dix, de la maison de Villeroy.

L'appartement de la Reine est au premier étage, avec une piéce semblable, décorée des portraits de la famille Royale.

M. le Duc de Villeroy n'habite point son Château, qu'il réserve pour des Seigneurs, & autres personnes de distinction. Il s'est ménagé un appartement dans une petite aîle de la seconde cour, lequel a vûe sur l'Orangerie.

BEAUREPAIRE

N'est qu'à une demi-lieue de Villeroy : cette maison qui est à M. de Montaran, est renommée pour ses jardins plantés par *le Nostre*. La place qui fait face au Château dans la campagne, est remplie par deux grands quinconces de tilleuls. On rebâtit actuellement ce Château, environné de fossés secs. L'Orangerie & le potager sont à droi-

BEAURI-PAIRE.

te. Plusieurs piéces plantées en quinconce, & un grand boulingrin double accompagné de bosquets, se voyoient sur la gauche. Plus loin est un bois percé en double étoile, qui doit faire place à de nouveaux desseins. La face du Château est occupée par un très-long parterre, terminé par une grande piéce d'eau, & une terrasse qui a vûe sur la campagne.

COURRANCE.

COURRANCE.

doit être à présent à Madᵉ la Comtesse de brassac fille ainée de M. le président de Novion.

La blancheur & le courant des eaux de ce beau lieu lui ont fait donner le nom de Courrance. Leur clarté est telle, qu'elles laissent voir distinctement au fond de leur canal de très-belles truites. Une avenue double conduit dans une avant-cour, soutenue de deux canaux qui ont à leur tête des Dauphins jettant beaucoup d'eau. Au côté droit se trouvent les potagers, & au-devant est une prairie dont les canaux forment une île.

Ce Château qui appartient à M. le Président de Novion, est environné de fossés fournis par deux torrens. Il a à sa droite une piéce d'eau presque carrée, entourée de quatorze

Dauphins, qui jettent chacun autant d'eau qu'il en faudroit pour faire tourner un moulin. Ces eaux plates viennent de la rivière d'Ecole qui passe dans le Parc le long des murs.

Les bosquets au-dessus de cette grande piéce d'eau, sont ornés d'un canal en poële, & de cinq bassins avec leurs jets, dont un est appellé la Couronne, à cause de cinq jets qui partent du centre. Vous appercevez ensuite une salle avec un grand bassin octogone, où est une gerbe formée de sept jets. Plus loin se découvre un canal de 250 toises de long, fourni par la rivière d'Ecole. Un grand bassin rond termine de ce côté le Parc, qui a deux cens cinquante arpens, & est presque tout planté en bois.

Vous revenez au Château par une allée bordée d'une prairie & de deux canaux, dont celui de la gauche retourne en équerre, puis retombe par quatre chûtes d'eau; & vous trouvez en face du Château une grande piéce de gazon, ornée dans son milieu d'un beau miroir d'eau. La fontaine de la Perruque paroît sur la droite, au milieu d'un bosquet coupé en Croix de Saint André; & au-dessus est le bassin des four-

COURRANCE. ces, où l'eau arrive par plusieurs auges de pierre fournies par des sources près de l'Eglise. Toutes ces eaux jouent nuit & jour, sans réservoir ni robinet. C'est la Nature même dépouillée de tout Art; il ne manque à ce jardin qu'un peu de vûe.

FLEURY D'ARGOUGES

FLEURY D'ARGOUGES.
à présent M. d'Argouges conseiller d'Etat

A près de deux cens arpens de Parc, & est distant de Paris de douze lieues. La cour qui est entourée de portiques de brique, communique d'un côté aux potagers, & de l'autre aux basse-cours. On passe par un pont-levis dans le Château, qui est flanqué de tours & irrégulier. Une terrasse ornée de deux piéces de broderie se présente d'abord, & est suivie d'une grande piéce d'eau faite en miroir, du milieu de laquelle s'éleve un jet d'un pouce de sortie. Vous appercevez sur la gauche un canal arrondi par les extrémités, & tout revêtu de grez. Ce canal qui a 400 toises de long, servit de modéle à Henri IV. pour celui de Fontainebleau, & étoit avant celui-ci le plus long canal qui existât. Au bout de la piéce d'eau qui fait face au Château, est un petit canal & une fort belle allée qui borde les bois, en quoi confifte la plus grande partie de ce Parc. Le refte eft en prés & en vignes. C'eft-là que M. le Lieutenant-Civil va fe délaffer des travaux inféparables de l'importante place qu'il occupe fi dignement dans la Magiftrature.

FLEURY D'ARGOUGES.

VAUX-LE-VILLARS.

Cette maifon qui eft l'ouvrage de M. Fouquet, fut commencée en 1653. fur les deffeins de *le Veau*. Le Maréchal de Villars qui l'acquit au commencement de ce fiécle, fit changer fon ancien nom de Vaux-le-Vicomte, en celui de Vaux-le-Villars. Elle appartient préfentement à M. le Duc de Villars fon fils.

VAUX-LE-VILLARS.

Ce magnifique château a été vendu à M. le Duc de Pralin Choifeul et porte actuellement le nom de Pralin

L'Orangerie qui eft placée fur la gauche, forme un bâtiment très-confidérable, ainfi que les remifes & les écuries qu'on voit fur la droite. La grille qui fépare ces bâtimens, eft enrichie de huit figures de Termes, & flanquée de deux portes ruftiques qui portent chacune un fronton.

Deux portiques à trois arcades furmontées de vafes terminent fur les

VAUX-LE-VILLARS. côtés l'avant-cour du Château, & se lient avec les balustrades des fossés remplis d'une très-belle eau : des figures de Nayades, avec des enfans posés sur des focles, ornent cette balustrade.

Le vestibule est carré, & formé de colonnes Doriques isolées, avec deux figures de marbre, d'après l'Antique. Il précéde le grand salon ovale, décoré d'arcades avec leurs pilastres d'Ordre Corinthien. Six de ces arcades sont remplies par autant de statues de marbre, grandes comme nature, faites d'après l'Antique, & au-dessus de la corniche entre les fenêtres sont des Caryatides qui se lient par des guirlandes.

La salle à manger est à gauche, précédée d'un buffet dont la voûte est peinte en berceau avec des feuillages. Cette salle a neuf petits plafonds, tant carrés qu'octogones, peints en camayeu. Dans celui du milieu se voit Mercure avec l'Abondance. Sur la cheminée est placé un grand tableau de Louis XIII. Les dessus de porte sont six sujets tirés de la fable; & on a exécuté sur les lambris des grotesques & des arabesques. On prétend que du plafond de cette salle les tables descendoient magnifi-

quement servies; & on ajoute qu'il s'é- VAUX-LE-
levoit auparavant un brouillard qui VILLARS.
en déroboit la vûe aux convives. Quoiqu'il en soit, personne n'ignore les
fêtes pompeuses & galantes que M.
Fouquet donna à la Cour, fêtes cé-
lébrées en prose & en vers par la Fontaine & autres beaux esprits. De cette
salle on entre, d'un côté dans la chambre à coucher de M. le Duc de Villars,
& de l'autre dans l'antichambre de Me.
la Maréchale, ornée de quatre batailles du feu Maréchal de Villars & de
son portrait en pied. Le plafond de sa
chambre à coucher a quatre lunettes,
où sont représentés Mercure, Mars,
Bacchus & Jupiter : des figures en stuc,
grandes comme nature, placées aux
angles, soutiennent le rond du milieu
où est un ciel ouvert. On trouve enfin
un cabinet orné du portrait historié de
feue Me. de Villars.

L'appartement du Roi occupe en
entier le côté droit du grand salon : on
voit dans l'antichambre deux batailles & deux copies de la Psyché de Raphaël. Au plafond *le Brun* a peint Hercule sur son char, couronné par la
Victoire, & précédé de la Valeur &
de la Renommée. Jupiter & Junon pa-

roissent dans le ciel. Les compartimens sont formés par des fleurs ; & dans les angles on voit quatre Camayeux à fond d'or, représentant des travaux d'Hercule. Il y a de plus huit corbeilles de fleurs dans des percés, avec des enfans.

Le plafond de la chambre du Roi est octogone : huit figures de grandeur naturelle sont placées dans les angles; & dans l'alcove la Nuit est peinte sous la figure de Diane.

Le plafond du cabinet qui suit, représente dans un rond, Morphée, & les Songes agréables & funestes, de la main de *le Brun*. La frise est formée d'ornemens légers entre-mêlés d'enfans : on y apperçoit un écureuil qui a à ses côtés trois lézards, armes de M. le Tellier, & un serpent, qui sont celles de M. Colbert, avec ces mots : *quò me vertam nescio* ; emblême imaginée par le Peintre douze ans après la disgrace de M. Fouquet.

La face du Château sur le jardin est composée de deux pavillons ornés de pilastres Ioniques, qui supportent l'entablement sur lequel sont des vases : deux petits avant-corps les accompagnent, surmontés d'une balustrade régnant pareillement sur le dôme qui est terminé par un campanille. Le milieu de cette façade est décoré de quatre colonnes Doriques à bossage. Au-dessus sont autant de pilastres Ioniques, avec un fronton ; & sur l'entablement Dorique on a placé quatre figures de pierre. Le bandeau des croisées du raiz de chaussée est surmonté de Génies tenant des couronnes, & de lions qui supportent des armes & des chiffres. Celles de M. & de M⁰. Fouquet sont placées dans le fronton, & soutenues par un Génie.

Les jardins sont le premier ouvrage considérable, qui fit connoître les talens du fameux *le Nostre*, âgé pour lors de trente-neuf ans.

Le parterre qui fait face au Château a un bassin avec plusieurs jets, & des enfans faisant des bouillons dans de petits bassins qui sont dans les angles. On voit au bout une piéce d'eau carrée, du milieu de laquelle s'éleve un rocher, où est placée une figure en plomb de Neptune armé de son trident. Il y a un canal de chaque côté des aîles de la rampe de l'escalier.

Sur la gauche de celle qui descend au grand canal, est une voûte d'où sort une grande quantité d'eau, qui après

VAUX-LE-VILLARS. avoir roulé fur des marches de pierre, tombe en chûte par un petit canal dans le grand, qui a 500 toifes de long.

La grande cafcade eft toute ruinée : fa difpofition annonce que les effets d'eau en étoient très-variés.

La grotte qui lui fait face, en eft féparée par le grand canal, qui dans cet endroit s'élargit en formant une piéce d'eau. C'eft un des plus beaux endroits de cette maifon : on y reconnoît fans peine le beau génie de le Brun. Cette grotte qui termine le jardin, s'éleve en amphithéâtre en rampe, où eft un baffin avec une gerbe. Huit Termes en boffage ruftique décorent la face de cette grotte ornée de fept niches rocaillées, avec des animaux qui jettent de l'eau, & de grandes figures de fleuves placées dans la rampe de cette terraffe. Le baffin qui occupe toute la face de cette cafcade, préfente une grille de dix jets. On remarque encore trois fontaines à l'Italienne dans le parterre de fleurs qui eft à gauche du Château, & celle de la Couronne dans un boulingrin à droite, au-deffus de laquelle étoit la petite cafcade qui eft entièrement ruinée.

FONTAINEBLEAU.

On peut regarder François I. comme le créateur des beautés de ce Château, puisqu'il le rebâtit entièrement, & ne laissa à ses successeurs que le soin de l'embellir. Ce Monarque pour le décorer, fit venir d'Italie les Artistes les plus en réputation ; ce sont eux qui ont ramené en France le bon goût de l'Architecture & de la Peinture. Le Primatice fut mis à leur tête, & tout s'exécuta sur ses desseins.

De grandes routes pratiquées dans la forêt de Fontainebleau, conduisent à ce Palais bâti dans une vallée. Son plan presque triangulaire renferme comme cinq Châteaux, distribués en autant de cours & de galeries élevées sous différens Rois, sans aucun Ordre d'Architecture suivi.

Du côté du bourg, une grande place carrée découvre une très-longue façade, du milieu de laquelle s'élève entre deux aîles flanquées de quatre pavillons, un portail de gresserie, du dessein de *Jamin*. Une inscription fait connoître que Henri IV. éleva ce portail, qui sert d'entrée aux cuisines &

FONTAINE-BLEAU.

aux offices, placées dans cette cour. Au fond est une fontaine dite des trois Visages, à cause de trois masques de bronze qui y jettent de l'eau.

De la cour des cuisines on va à la Porte Dauphine, décorée du côté de la chauffée de colonnes Toscanes rustiques, & de deux masques antiques, de marbre blanc. Le côté de la cour est formé de pilastres d'Ordre Gothique, enrichis sur leurs massifs de deux bustes antiques de bronze. Sur cette porte s'éleve un dôme carré & à jour dans ses quatre faces : il est d'Ordre Composite, enrichi de part & d'autre en son fronton de l'écu de France, & des chiffres de Henri IV. & de Marie de Médicis.

La cour ovale est la plus ancienne de ce Château. Les édifices qui l'entourent, se communiquent par un balcon de pierre à rampe de fer, soutenu par quarante cinq colonnes d'Ordre Composite ; on y monte en dedans par deux escaliers de grez. Le grand a deux rampes & est à droite ; l'autre est au fond de la cour, & orné d'une vingtaine de figures de femmes nues, grandes comme nature, & accompagnées d'enfans, d'enfans, d'animaux, de cartouches & de feſtons.

A gauche eſt la Chapelle de Saint Saturnin, que Louis XIII. fit décorer d'un lambris peint & doré, en action de graces de la naiſſance du Dauphin. Il y a à l'Autel une copie de la Viſitation, peinte par *le Piombo*, dont l'Original eſt à Verſailles.

On paſſe ſous un pavillon pour arriver dans la cour de la Fontaine, qui eſt la plus agréable de toutes par l'ordonnance de ſes trois aîles de bâtimens, & par ſes beaux points de vûe ſur le jardin. Cette cour a pris ſon nom d'une fontaine formée par quatre dauphins de bronze, placés dans les angles d'un petit baſſin carré, du milieu duquel s'éleve une ſtatue antique de Perſée en marbre ; ce baſſin eſt accompagné d'une terraſſe hors d'œuvre, ornée de baluſtrades, qui forme une portion circulaire au devant du grand étang.

Charle IX. fit bâtir l'eſcalier, & peut-être le bâtiment qui eſt au Nord de cette cour. Louis XIII. fit reconſtruire l'eſcalier hors d'œuvre à deux rampes, dont l'une conduit à la ſalle des Gardes, & l'autre à celle de la Co-

II. Partie. K

FONTAINE-BLEAU.

médie. Au bas de ces rampes, sont sur des piédestaux de pierre deux Sphinx en bronze d'une grande beauté. On voit dans des niches les statues antiques de Mars, de Vénus, de Bacchus, de Mercure, de Minerve, & quelques-autres bustes & figures. Sept arcades au Nord de cette cour supportent une terrasse enrichie de Sculptures des chiffres & devises de Henri IV.

La cour du cheval blanc qui se présente ensuite, est ainsi appellée à cause d'un modéle du cheval de Marc-Auréle qui étoit au milieu. *Serlio* qui éleva les bâtimens de ce Château sous le régne de François I. donna tous ses soins, pour que cette cour servît aux courses, bagues, tournois & autres plaisirs, suivant l'intention du Roi. C'est là présentement que logent les Ministres. L'aîle droite destinée aux Seigneurs, est beaucoup plus élevée que le reste, & n'est bâtie qu'à moitié. Louis XV. l'a élevée à la place de la galerie d'Ulysse, qui tomboit de vétusté.

Au bord des anciens fossés de cette cour, on voit près de l'escalier les statues antiques de Céphale & de Bacchus; ce dernier sous la figure d'une femme qui a un léopard & un pannier de raisin à ses pieds. Les piédestaux sont ornés de masques qui forment des fontaines.

L'escalier du fer à cheval a été construit sous Louis XIII. Quatre arcades voûtées, ornées de pilastres & de consoles, couronnées de boules de gresserie, supportent deux rampes chargées de balustrades à jour, & décorées de sceptres & de caducées. Ces rampes vont à la hauteur d'une terrasse qui communique aux appartemens : on attribue ce chef-d'œuvre à *le Mercier*. Au milieu des trophées sculptés au-dessus de la porte des appartemens, se voit un beau buste de Louis XIII.

La Chapelle de la Ste Trinité

bâtie par François I. & décorée par Henri le Grand, se présente à gauche : ce Prince y fit travailler *Freminet*, qui continua sous Louis XIII. les Peintures, tant de la voûte que du pourtour des murs. Les premières sont distribuées en un compartiment de cinq grands tableaux, de vingt-deux ovales, & de seize carrés, tous dans des bordures de stuc enrichies des chiffres de Henri IV. de Marie de Médicis, de

Louis XIII, d'Anne d'Autriche, & de fleurons dorés ; le tout terminé par une grande corniche, aux extrémités de laquelle sont les armes de France & de Navarre sur deux cartouches supportés par deux Anges plus grands que nature.

La tribune du Roi, placée au-dessus de la porte en face de l'Autel, est soutenue par dix colonnes Corinthiennes cannelées, & dorées sur les moulures.

Le premier tableau de la voûte représente Noé qui fait entrer dans l'Arche sa femme & ses enfans, après y avoir enfermé toutes sortes d'animaux. Il est à l'huile sur plâtre, ainsi que les autres.

Au deuxiéme est peinte la chûte des Anges.

Dans le troisiéme on voit le Père Eternel environné des Puissances Célestes. Plus bas est un Temple orné de colonnes, entre lesquelles sont les Vertus : la Miséricorde y intercéde pour le genre humain.

Dans le quatriéme, un rayon de la Divinité luit sur l'Ange Gabriel, qui reçoit l'ordre d'annoncer à Marie qu'elle sera la mére du Verbe.

Le cartouche au-deſſus de l'Autel, qui eſt le cinquiéme tableau, expoſe la Création de l'homme & de la femme.

Les Elémens accompagnent ces cinq grands tableaux. Sous l'arcade derrière l'Autel, l'Ange Gabriel deſcend annoncer à Marie qu'elle eſt choiſie pour être la mére du Verbe.

Autour de cette Chapelle régne un lambris compoſé de trente-ſix pilaſtres Corinthiens dorés ſur les moulures, & chargés ſur les friſes & cintres des Noms de Jéſus & de Marie, de têtes de Chérubins, de chiffres de Rois & de Reines, de feſtons & autres ornemens.

Sur les trumeaux & croiſées ſont dans de grands ovales différens Rois d'Iſraël & de Juda; & un peu au-deſſous on a peint en camayeu dix Patriarches, & autant de Prophétes.

Entre ces trumeaux, quatre ovales qui ſuivent les angles de la voûte, repréſentent la Foi, l'Eſpérance, la Charité & la Religion; & les ſix autres ſont la Juſtice, la Patience, la Prévoyance, la Diligence, la Clémence & la Paix.

Quatorze tableaux de la vie de N. S.

se voient entre le lambris & l'entablement.

Un marbre blanc compose les degrés, le corps & le retable du grand Autel. Quatre colonnes avec des pilastres Corinthiens, dont les socles & les chapiteaux sont de bronze doré, soutiennent autant d'Anges de bronze de grandeur naturelle. Dans les entre-colonnemens sont placées les statues en marbre de Saint Charlemagne & de Saint Louis, sculptées par *Pilon*. Le tabernacle a la forme d'une demi-coupole posée sur huit colonnes Corinthiennes de Jaspe Oriental. Aux côtés sont deux Anges en adoration. Tous les bronzes sont de *Girardon*, qui a représenté dans les bas-reliefs les Evangélistes, une Descente de croix, Saint Félix de Valois, & Saint Jean de Matha, à qui le Seigneur ordonne d'établir l'Ordre de la Rédemption des Captifs.

Une bordure de marbre blanc incrusté de compartimens de divers marbres, entoure une Descente de Croix, peinte par *Ambroise du Bois*.

On peut dire à la gloire de *Bourdoni*, qu'il a rassemblé dans la décoration de cet Autel, ce que l'Architecture a de plus noble & de plus grand.

La Musique est placée sur deux balcons près de l'Autel ; les instrumens d'un côté, & les voix de l'autre.

Dans les Chapelles on voit les tableaux suivans : la Madeleine aux pieds de N. S. par *Ambroise du Bois*, est dans la seconde à droite, près de l'Autel ; & Saint Louis par *Poërson*, dans la troisiéme. *Le Perugin* a peint une Descente de Croix dans la première à gauche, près du chœur des Religieux ; & dans la suivante, la Vierge avec le Jésus & Saint Jean est de *Michel Corneille*.

Le pavé de marbre blanc, distribué en compartimens de diverses couleurs, d'un dessein fort léger, est dû à *Bourdoni*, & doit être mis au rang des principales beautés de cette Chapelle.

En montant à droite par l'escalier du fer à cheval, on entre dans un vestibule, qui conduit à gauche à la tribune du Roi, & à droite à l'appartement de Mesdames. Ce vestibule précéde

LA GALERIE DE FRANÇOIS I.

Elle est située entre la cour de la fontaine & le jardin de l'Orangerie. Un plafond de bois de noyer à compartimens, doré sur les moulures, répond à un lambris chargé de salamandres, d'armes de France, de trophées, & de chiffres de François I. en relief sur des cartouches. Ces Sculptures ont été exécutées par *Paul Ponce*, entre les tableaux peints à fresque par *Maître Roux* & *le Primatice* ; plusieurs morceaux ont été faits sur leurs desseins par Samson, Michel, Louis du Breuil, & autres. Une partie des peintures de cette galerie a été gravée par différens maîtres.

Le premier tableau à droite, connu sous le nom de l'Ignorance chassée, représente plusieurs hommes & femmes les yeux bandés, dont quelques-uns sont endormis ; les autres marchent avec des bâtons vers le Temple, où l'on lit *Ostium Jovis*, que François I. couronné de lauriers, un livre sous le bras, & une épée à la main, veut leur faire ouvrir.

Aux côtés sont deux grands Satyres avec quelques petits enfans, & des têtes de femmes en relief, qui paroissent désigner les suites de l'Ignorance.

Dans le second tableau, François I. accompagné de Magistrats, d'Officiers,

& de Soldats, paroît armé, & tient une pomme de grenade en signe d'union.

Cléobis & Bithon se voient dans le troisiéme.

Les sujets des bas-reliefs sont une peste, Junon sur son char, & la Piété Romaine.

Dans le quatriéme, qu'on croit du *Primatice*, Jupiter visite Danaé. Deux médaillons représentent au-dessus Apollon & Diane sur leurs chars; & aux deux côtés sont trois femmes en Termes qui soutiennent des corbeilles de fruits.

On voit dans le cinquiéme Vénus s'arrachant les cheveux à la vûe d'Adonis, expirant entre les bras des Graces & des Amours.

Les bas-reliefs exposent le Triomphe de Vénus, les effets de l'Amour, & les jeux Olympiques.

Le sixiéme tableau est l'arrivée d'Esculape à Rome. Les ornemens des cadres désignent l'âge viril & la vieillesse.

Le septiéme a pour sujet le Combat des Lapites & des Centaures. Des enfans aîlés soutiennent aux deux côtés des Termes, qui portent la devise & le chiffre de François I. Au-dessous, les effets du vin & de la colére sont exprimés.

K v

FONTAINE-BLEAU.

Au bout de la galerie, *Boullongne le jeune* a peint dans un ovale Zéphire & Flore.

Le huitiéme tableau repréfente Vénus qui châtie l'Amour, pour avoir aimé Pfyché. Aux côtés font deux figures gigantefques d'homme & de femme accompagnées d'enfans ; un combat fur terre & un autre fur mer font plus bas dans des cartouches.

Dans le neuviéme, le Centaure Chiron apprend à Achille les exercices de la jeuneffe. Au-deffous eft un bas-relief, où dans une arêne des hommes combattent contre des animaux.

Le dixiéme expofe le Naufrage d'Ajax, fils d'Oïlée. Au-deffous, Neptune enleve Amymone.

On trouve ici un petit cabinet, où fe voit le bufte de François I. entouré d'un cordon de S. Michel, porté par des têtes de Chérubins, qu'accompagnent la Victoire & la Renommée. Vis-à-vis, *Boullongne le jeune* a peint Minerve au milieu des Sciences & des Arts. Ce morceau ovale eft tenu par un jeune homme & une jeune femme, couchés fur des guirlandes de fleurs.

Le onziéme tableau repréfente l'Embrafement de Troie. Au-deffus, des enfans foutiennent le chiffre de François I; & aux côtés font deux grandes ſtatues dans des niches, qui portent ſur des Termes. Plus bas eſt une ruine.

On voit dans le douziéme un Triomphe, exprimé par un Eléphant qui a une cigogne à ſes pieds. On croit que c'eſt l'emblême de la journée de Marignan, qui dura deux jours & deux nuits. A droite, ſur un fond d'or, eſt l'Enlévement d'Europe, & à gauche celui d'Amphitrite. Au-deſſous, Alexandre coupe le nœud Gordien.

Dans le treiziéme & dernier tableau eſt l'Appareil d'un Sacrifice pour la conſervation de François I. Aux côtés ſont de petits Temples, & des Sacrificateurs prêts à immoler un mouton & un taureau. Sous ce tableau des Nymphes danſent au ſon du cors.

Au-deſſus de la porte, *Poërſon* a peint l'Hiſtoire qui oblige le Tems de concourir avec elle, pour conſerver la mémoire des actions de François I. Ce tableau en camayeu eſt accompagné de deux médaillons, où ſe voit un emblême des diſgraces de ce Prince, & la Fortune qui lui préſente une boiſſon pour les lui faire oublier.

La galerie que je viens de décrire,

K vj

précéde la chambre de Saint Louis, qui sert d'entrée à

L'Appartement du Roi.

La salle des Gardes est à droite. Sur la cheminée on voit une Renommée peinte par *du Bois*.

Le plafond de la chambre de Saint Louis représente Louis XIII. dans sa jeunesse, assis & couronné de lauriers, tenant une branche d'olivier. Près de lui sont deux Anges qui soutiennent un bouclier, sur lequel est écrit : *pax ex voto stabilita, inito fœdere*. Au-dessous, la Renommée tient une branche d'olivier qu'elle semble offrir aux Princes de l'Europe, pour les engager à prendre part à l'alliance que Marie de Médicis venoit de conclure avec le Roi d'Espagne, en promettant de faire épouser l'Infante au jeune Roi.

Aux angles de ce plafond, peint par *Errard*, sont quatre médaillons qui représentent quelques actions de Saint Louis, & qui se lient par des trophées peints en grisaille.

Les principaux traits de l'histoire d'Ulysse avant son voyage de Troie, dessinés par le Primatice, & peints à fresque par *Nicolo*, font le sujet d'une partie des tableaux qui décorent cette chambre. Paul Ponce les a ornés de bordures de stuc, & de vingt Termes qui portent des corbeilles de fruits.

Le premier, près du cabinet du Roi, représente Paris qui arrive chez Ménélas, pour y voir Heléne.

Sous ce premier tableau il y en a un autre très-petit, dans lequel la Nymphe Ciané montre à Cérès la ceinture de sa fille, & lui fait connoître la route qu'elle a tenue.

Le second, contre la cheminée, est l'Enlévement d'Heléne. Au-dessous, les Syrénes sont métamorphosées en oiseaux, pour chercher Proserpine sur terre & sur mer.

Le troisiéme, près de l'escalier, fait voir Ménélas désolé de l'enlévement d'Heléne.

Au-dessous, le géant Encelade est accablé sous les monts Ossa & Olympe.

Dans le quatriéme, Ulysse craignant de quitter Pénélope pour aller au siége de Troie, feint d'avoir perdu l'esprit.

Au-dessus, dans un petit cadre, Adonis est tué par un sanglier; & au-dessous, les Compagnes de Proserpine s'opposent à son enlèvement.

Dans le cinquième, les Princes Grecs élisent Agamemnon chef de l'armée.

Au-dessus, Mercure conduit les ames aux enfers; l'Enlévement de Proserpine se voit au bas.

Le sixième placé sur la porte de la galerie, expose Ulysse & les Princes Grecs sacrifiant aux Dieux.

Au-dessous, Cérès change Stelles en lézard pour s'être mocquée d'elle.

Le septième, près de la croisée, est la Reconnoissance d'Achille.

Au-dessous, Proserpine irritée contre Ascalaphe, le change en hibou.

Le huitième, sur la cheminée, représente Thétis qui commande à Vulcain des armes pour Achille; il est de *Boullongne le jeune*.

On entre de-là dans les petits appartemens, composés d'une salle des buffets, d'une salle à manger & d'une d'assemblée.

On passe de la salle à manger dans le petit cabinet du Roi, qui est à droite; & à gauche dans l'appartement des bains revêtu de carreaux de porcelaine. Toutes ces pièces sont décorées d'un lambris, dans lequel sont encastrés des tableaux de chasses, de haltes, & d'animaux, peints par Desportes & M. Oudry.

L'antichambre du Roi est ovale, & ornée de paysages, de *Paul Bril*, placés au-dessous de quinze tableaux, dans lesquels *A. du Bois* a représenté l'histoire de Théagene & de Chariclée. Au bas du quinziéme tableau il s'est peint vêtu de rouge, avec le Duc de Sully Marquis de Rosny, & Zamet fameux Financier.

A l'extrémité du plafond, est le jeune Dauphin Louis XIII, tenant un sceptre & une branche de laurier. Aux côtés, sont Diane avec Apollon, & Hercule & Déjanire, qui représentent Henri le Grand & Marie de Médicis.

L'hyménée fait le sujet des deux médaillons qui accompagnent, près de la cheminée, le chiffre de Henri IV. couronné par des Graces & des Amours, pendant que deux Renommées publient sa gloire.

Sur la cheminée de la chambre, du Roi, est le portrait de Louis XIII, par *Ph. de Champagne*.

Le plafond de cette chambre, formé de deux corps de menuiserie dorés en plein, est un fort beau morceau en ce genre. Le premier corps eſt à plufieurs compartimens, qui accompagnent une mofaïque foutenue par huit Amours, du milieu de laquelle faillit une couronne ornée de guirlandes, que les armes de France & de Navarre terminent aux quatre angles de la mofaïque. Le fecond corps, au-deſſus de l'alcove, confiſte en une lanterne enrichie de fleurs de lys, & en deux cadres remplis de chiffres de Louis XIV, de la main de juſtice, du fceptre & autres ornemens royaux, terminés par un feſton régnant en forme de corniche.

Ce plafond vient d'être redoré de différens ors; & on a ajouté de nouveaux ornemens à la cheminée &'aux autres endroits qui en étoient fufceptibles. Le lit & la tenture font d'une étoffe fond verd, brochée en or, manufacture de Lyon; le tout rehauffé d'une riche broderie en relief. Les aigrettes placées aux quatre coins de l'impériale font portées par quatre trophées d'armes furmontés d'un cafque, dont elles forment le panache avec beaucoup d'élégance.

Le cabinet du Roi eſt entièrement peint à neuf par Mrs. *Boucher* & *Pierre*, pour les camayeux & les paysages, & par M. *Perrault* pour les fleurs. Dans les différentes parties de l'ancien plafond qu'on a conservées, & où se voient Vulcain, Mercure & Vénus, on a placé des Amours & des Génies semant des fleurs, peints par M. *Boucher*.

L'Appartement de la Reine.

On voit sur la cheminée de la salle des Gardes qui servent près de la Reine, Anne d'Autriche assise, tenant un caducée : Louis XIV. & Monsieur frére du Roi jouent près d'elle. Ce tableau est de *Jean du Bois*. Le plafond est de menuiserie, à petits compartimens, doré & orné sur les fonds d'attributs de guerre, soutenus par une frise enrichie de couronnes de France, de sceptres & de trophées, peints en or & en grisaille.

Le plafond de l'antichambre où se fait le concert, ne différe de celui de la salle des Gardes, qu'en ce qu'il est azuré sur le fond, & chargé de roses & de chiffres de Louis XIII. & d'Anne d'Autriche.

Depuis quelques années, la chambre de la Reine a été décorée dans le goût moderne. On a mis une grande glace sur la cheminée, qui est de marbre & d'un beau dessein. Le plafond est tout doré : dans le grand rond du milieu sont peints en or des enfans, qui tiennent une couronne. Un grand cabinet & plusieurs garde-robes dans le goût moderne, terminent cet appartement.

De la salle des Gardes de la Reine, vous passez de l'autre côté de l'escalier dans l'appartement de M. le Dauphin & de M². la Dauphine.

La galerie de la Reine, dite de Diane, est au premier étage, au bout de son appartement ; & a été ainsi appellée, parce que plusieurs morceaux de l'histoire de cette Déesse y ont été représentés par *du Bois*, ou sur ses desseins, par des Peintres qu'il conduisoit avec Jean de Hoëy. Le peu de mérite de ces peintures, joint au mauvais état où elles sont, me dispense d'en faire le détail.

On descend par les deux extrémités de cette galerie dans celle des cerfs, ainsi nommée à cause de plusieurs têtes de cerf placées entre des vûes de quelques Maisons Royales, peintes par *du Brueil*.

Le nom de Dieu gravé sur le plancher, au-dessous d'une petite croix, à trois pieds de l'angle de la quatriéme croisée, en entrant par la cour ovale, rappelle le souvenir de la cruelle mort de Monaldefchy, Ecuyer de la Reine Chriftine de Suéde, qui en mourant dans cet endroit prononça le nom de Dieu.

FONTAINE-BLEAU.

La galerie des cerfs régne le long du jardin de l'Orangerie, nommé jardin de la Reine. Autour d'un parterre émaillé des plus belles fleurs, font rangés de très-beaux Orangers. Au milieu eft une fontaine du deffein de *Francine*, décorée de la ftatue de Diane, accompagnée de quatre chiens aux angles de fon piédeftal. Elle eft élevée fur un maffif, orné de quatre têtes de cerf en bronze, qui jettent de l'eau dans un baffin renfoncé ; *Vignole* a fondu cette figure d'après l'Antique en marbre blanc, qui eft placée dans la galerie de Verfailles.

Plufieurs ftatues de bronze fondues par Vignole & par Francifque Libon d'après des Antiques qui font à Rome, ornent ce jardin ; favoir, Laocoon, Apollon, Vénus, le Gladiateur, Hercule-Commode, un jeune Homme

FONTAINE-BLEAU.

qui se tire une épine du pied, Cléopâtre sur le piédestal de cette figure est représentée la bataille d'Actium. Les autres sont le Rémouleur, Mercure, & les figures antiques de Bacchus & de Cérès. Seize bustes antiques de marbre blanc, posés sur des consoles le long des galeries des chevreuils & des cerfs, décorent la façade de ces bâtimens.

Du jardin de la Reine on entre dans la galerie des chevreuils, dont les têtes sont entre-mêlées de sept tableaux à l'huile, où du Breuil a peint Henri IV. & Louis XIII. dans sa jeunesse, accompagné de plusieurs Seigneurs qui prennent le divertissement de la chasse. Entre ces tableaux, on voit dans des portiques feints des limiers & des fleurs.

L'APPARTEMENT DE MESDAMES

est un des plus beaux de Fontainebleau. Trois piéces en enfilade, terminées par un grand cabinet, le composent. La première est décorée d'un plafond peint par *Errard*. C'est l'Histoire qui écrit les actions de Louis XIII. couronné par la Victoire, tandis que la Renommée publie son glorieux régne.

On voit au plafond de la seconde piéce Diane & Saturne, Jupiter &

Mercure, Mars & Junon, peints par *Cotelle*.

Sur la cheminée, est le portrait de Mgr. fils de Louis XIV. commandant devant Philisbourg à l'âge de 26 ans. *Stiemart* l'a copié d'après Rigaud.

La cheminée de la troisiéme piéce offre le portrait de Louis XIV. peint par le même d'après Rigaud. Son plafond est remarquable par quantité de Peintures, moresques & arabesques, de la main de *Cotelle*.

On a placé au-dessus de la porte en entrant le portrait de Marie Thérèse d'Autriche, peint par *de Séve l'aîné* ; & sur celle qui conduit au grand cabinet, celui d'Anne d'Autriche par le même.

Le lambris du grand cabinet présente dix paysages historiés, & quatre ovales plus petits, dûs à *Mauperché*. Le plafond est orné de camayeux rehaussés d'or, peints par *Cotelle*. Les deux du milieu sont des emblêmes de la Régence d'Anne d'Autriche. Dans les angles ce sont des sujets de la Fable ; sçavoir, Bellone précédée de la Déesse de la vengeance, Vénus sur son char suivie des plaisirs, Junon venant de voir Eole, avec des Nayades,

des Tritons & des Chevaux marins.

Le petit cabinet hors d'œuvre placé fur la gauche, eſt lambriſſé, & peint en couleur de citron.

On peut enſuite repaſſer par la cour des fontaines, & monter à la ſalle de la Comédie. Le Roi l'a fait décorer de trois rangs de loges, de grotefques & d'autres ornemens en or & de relief, du deſſein d'Audran.

La ſalle du bal, dite des Cent-Suiſſes, eſt entièrement peinte par *Nicolo*, d'après les deſſeins du Primatice.

Au-deſſus de la porte eſt une tribune, où ſe voit un concert de muſique. Le plafond eſt compoſé de vingt-ſept cadres octogones, ſur les fonds deſquels ſont des roſes & des croiſſans entrelacés. Huit grands tableaux où l'on admire de très-belles figures, rempliſſent le deſſus des trumeaux, & ſe lient par des cartouches que tiennent des enfans. Ils ſont preſqu'entièrement effacés, ainſi que ceux des embraſures des croiſées qui étoient tous à freſque. Les ſujets le mieux conſervés ſont, le Parnaſſe, & une Récréation des Dieux, où danſent Junon, Minerve & Vénus.

La cheminée eſt décorée des Ordres

Dorique & Ionique, que portent deux Satyres de bronze, chargés de corbeilles de fruits. Dans le milieu de l'Ordre Ionique, est un grand cartouche des armes de France. Aux côtés, est Hercule qui tue le sanglier d'Erimanthe, & l'histoire d'un Gentilhomme qui étant condamné à mort, proposa de tuer un loup cervier ; ce qu'il exécuta. Diane est à gauche au-dessous, & à droite Hercule assis près de l'hydre de Lerne. Ce bel ouvrage dessiné par *de Lorme*, est dû à *Rondelet*.

Par un passage à gauche de cette cheminée, on va à la Chapelle haute : elle est ovale, & embellie de douze pilastres Doriques qui soutiennent autant de colonnes Composites, dans les entre-colonnemens desquelles sont six tableaux ; savoir, la Nativité, par *Jean du Bois* ; le Crucifiement, du même ; la Résurrection, par *Ambroise du Bois* ; la Descente du Saint-Esprit, du même ; l'Assomption, par *de Hoëy* ; & l'Eglise Militante, par le même.

Dans la cour de la Conciergerie, dite des Princes, Louis XIV. a fait élever le long des murs des galeries des cerfs & de la Reine une aîle de bâtimens à la Mansarde, avec deux beaux escaliers de pierre aux extrémités, construits sur les desseins de *Mansard*, & exécutés par *Varignon*.

LES JARDINS

ont leur entrée par la cour des fontaines. L'étang qui en fait un des principaux agrémens, est de forme triangulaire, & a dans son milieu un petit pavillon octogone décoré extérieurement de pilastres Doriques, & surmonté d'une terrasse en plate-forme. Cet étang est fourni en partie par la fontaine Bleau, qui tombe sur la droite dans un bassin rond, où l'on descend par trois marches.

Les Ecuries de la Reine sont au Couchant, vers le Nord de ce bassin.

Le chenil neuf est un bâtiment de pierre & de brique, élevé par *Dorbay*. Les Officiers de la Vennerie y logent dans un beau pavillon en Mansarde, formé par quatre aîles qui ont par-bas des écuries tournantes. A quelques toises au-dessous, est le chenil des chiens de chasse.

Entre ce bâtiment & le vieux chenil, dit aujourd'hui la petite Ecurie, est une grande place qui lui sert de manége.

Le vieux chenil situé au Midi, entre
l'étang

l'étang & la forêt, est formé de quatre aîles flanquées de deux pavillons, & ornées à la Romaine de pilastres: il a été construit par *Serlio*.

Le parterre du Tybre est l'ouvrage de *le Nostre*, ainsi que le canal & la piéce verte sur la gauche. Louis XIV. a fait construire une terrasse qui régne tout autour de ce parterre, & donne entrée au milieu de chaque côté à quatre allées qui distribuent ce parterre en quatre parties, dont le centre est un bassin carré, de trente toises. Du milieu s'éleve sur un rocher un gros bouillon nommé Pot bouillant, qui retombe en nappes à quatre étages, entre chacun des dix jets qui sont au pourtour.

Plus loin est un autre bassin d'environ quarante toises, où est placée la figure du Tybre en bronze, tenant une corne d'abondance, & fondue par *Vignole* d'après l'Antique. Au bout se trouve un fossé d'eau formant une grande demi-lune, qui sépare le jardin de la campagne.

On descend à gauche par deux rampes ornées de piédestaux chargés de quatre Sphinx, sculptés par *l'Espagnandel*; & on découvre à droite la Héro-

FONTAINE-nière, où est présentement la grande
BLEAU. Ecurie.

Deux belles allées bordées de bosquets découvrent la vûe du canal, qui a 585 toises de long sur 20 de large. Henri IV. le fit creuser sur le modèle de celui de Fleury, & Louis XIII. l'orna de deux têtes de dauphins en bronze. A la tête de ce canal étoient les cascades, qui tomboient par quatre chûtes entre des niches de rocaille dans une grande piéce d'eau ornée de cierges formant une grille; cet ouvrage fait sous Louis le Grand par *Francine*, est entièrement ruiné.

Sur la gauche de ce grand canal on apperçoit la prairie dite des fontaines. Louis XIV. l'a fait orner de cinq bassins, avec plusieurs jets peu élevés, en forme de bouillons, qui semblent sortir de l'herbe de cette prairie. Il y en a sept dans la piéce du milieu qui est à oreilles, deux autres dans chacun des ovales qui l'accompagnent, & un seul dans les bassins ronds des extrémités. Ces eaux viennent de la plaine de Samois, par un aqueduc qui les amene dans un réservoir élevé près de la Porte d'Avon.

L'étoile qui termine le Parc, est distribuée en huit grandes allées, qui découvrent un jet de dix-huit pieds de haut.

FONTAINEBLEAU

L'EGLISE DE SAINT LOUIS.

Le grand Autel est enrichi de deux colonnes Corinthiennes, & d'un excellent tableau de *Varin*, représentant le Paralytique sur le bord de la Piscine.

SAINT-ANGE.

Le Château précédé d'avant-cour & de grandes cours qu'annoncent plusieurs belles avenues, est à trois lieues de Fontainebleau, & fut bâti par Henri IV. pour Gabrielle d'Estrées.

SAINT-ANGE

?....... La main de la Nature
De ses aimables dons la combla sans mesure.
?. . . . .
?. . . . .
Semblable en son Printems à la rose nouvelle,
Qui renferme en naissant sa beauté naturelle,
Cache aux vents amoureux les trésors de son
    sein,
Et s'ouvre aux doux rayons d'un jour pur &
    serein.

Henr. ch. 1.

Le Parc de S. Ange qui a 200 arpens,

est presqu'entièrement planté en bois. Sur la droite se trouvent les basse-cours, remises & logemens des Officiers. Du même côté s'élevent trois terrasses l'une sur l'autre, bâties de grez & bordées de balustrades de pierre. Chacune de ces terrasses vient au niveau des différens étages du Château, où vous montez par un escalier en fer à cheval.

Le raiz de chaussée présente un vestibule en galerie, orné de trophées dans des panneaux en pilastres, & de têtes en bronze montées sur des bustes d'albâtre posés sur des scabellons. A gauche est une salle de compagnie, & la chambre à coucher de M. de Caumartin, remarquable par son plafond en compartimens remplis de têtes & de Sphinx. Sur la droite sont l'antichambre, chambre à coucher, & cabinet d'été. De cette antichambre, on descend dans la salle à manger : elle est voûtée, ornée de deux cuvettes de marbre avec deux fontaines, & revêtue à hauteur d'appui de marbre de Languedoc ; sa voûte est compartie de roses, & de chiffres peints dans des carrés & des octogones.

L'escalier placé sur la droite conduit à une salle longue, dans la menuisetie de laquelle sont enchassés de grands portraits de la famille Royale ; on y voit quatorze bustes en marbre, rangés sur des scabellons. L'antichambre à gauche est remplie de petits portraits carrés des Cardinaux, Capitaines & grands Hommes qui ont fleuri sous Henri III, Henri IV, & Louis XIII, dont les portraits sont en pied. La chambre des Reines est ornée de ceux de Henri IV. & de la belle Gabrielle.

L'antichambre sur la droite renferme les portraits des Hommes illustres qui ont vécu sous Louis XII, Henri II, François II, & Charle IX. La chambre du Roi vient ensuite, dont la tapisserie toute brochée d'or est très-ancienne. Dans le cabinet sont quelques vieux tableaux, entr'autres l'affreux portrait d'une Duchesse de Brabant.

Au second étage on remarque la galerie des Savans, toute décorée de leurs portraits. Vous entrez de plein pied dans le Parc qui a deux cens arpens, dont les bois sont ouverts en étoiles bordées de belles palissades. Ce qu'il faut le plus remarquer dans ces jardins, est l'art avec lequel on a rendu praticable une montagne fort éle-

246 VOYAGE PITTORESQUE.

Saint-Ange. vée qui borde le Château, pour descendre dans le parterre par trois rampes différentes, dont les allées coupées de chevrons aboutissent à des paliers, & à deux escaliers dans le bas.

Le parterre est soutenu d'une terrasse qui découvre sept piéces de gazon comparties, dont deux en boulingrin, & deux entourées de tilleuls en boule. Au milieu est un canal en croix, qui vient tomber dans deux piéces d'eau presque carrées, sur le même alignement. Une autre de sept arpens, & cintrée dans son milieu, retourne par un canal faisant l'équerre dans les deux côtés de la prairie; le tout bordé de fort belles allées. Ce compartiment forme un parterre d'eau très-spacieux, & d'une figure très-singulière.

Fin de la seconde Partie.

VOYAGE PITTORESQUE DES ENVIRONS DE PARIS.

TROISIEME PARTIE.

A Porte Saint-Antoine qui est au Couchant de la Ville de Paris, conduit d'abord au Château de

VINCENNES.

Son avenue qui commence au Trône, est formée par quatre rangs d'ormes plantés dans un terrein inégal, qu'on a soutenu, pour le rendre de niveau, par un mur de terrasse fort élevé.

VINCENNES.

L iiij

VINCENNES.

Le Château est l'ouvrage de plusieurs Rois, à commencer par Philippe de Valois. Le vieux consiste en un donjon, & en neuf tours carrées, entourées de fossés secs. Louis XIII. fit élever, à la place de quelques anciens bâtimens, les deux grandes aîles de la cour royale, qui forment le Château-neuf, dont les faces sont ornées d'un Ordre Dorique en pilastres, avec un Attique, & des vases sur le comble à l'aplomb des pilastres.

En 1660 Louis XIV. fit faire la grande porte qui sert d'entrée au Parc: elle est bâtie en Arc de Triomphe. Sa face en dedans de la cour présente un Ordre Dorique, formé de six colonnes engagées, avec des bas-reliefs & des statues de marbre. Cet excellent morceau d'Architecture imaginé par *le Veau*, suivant un nouveau système, pour accoupler les colonnes de l'Ordre Dorique, s'unit aux deux aîles par deux galeries découvertes que soutiennent des arcades rustiques. Il y a vis-à-vis deux galeries pareilles, dont les niches sont occupées par des figures de marbre.

L'aîle droite de la cour royale est double, & renferme du côté du jardin l'appartement du Roi, & sur la cour celui de Marie-Thérèse d'Autriche.

L'appartement du Roi, composé de cinq piéces, a été peint par *Ph. de Champagne*, aidé de son neveu. Ce Peintre prit pour sujet la paix des Pyrénées & le mariage de Louis XIV. avec Marie-Thérèse d'Autriche Infante d'Espagne. Après la salle des Gardes, vient la salle à manger, ornée de quatre frises des batailles d'Alexandre, peintes par *Manchole*. Dans la chambre du trône, le Roi paroît sous la figure de Jupiter, ordonnant à la France d'embrasser la Paix. Tous les Arts personnifiés embellissent cette composition. Plusieurs de leurs attributs sont placés dans la frise, & désignés par des figures de grandeur naturelle qui tiennent les chiffres du Roi & de la Reine. Au plafond de la chambre du lit, on voit Jupiter & Junon; & dans un petit cabinet, des enfans qui supportent les chiffres du Roi & de la Reine.

De la salle des Gardes on entre dans l'appartement de la Reine. La premiére piéce, nommée la salle des Pages, est ornée de quatre Paysages & d'une marine, de *Borzon*. Suit la salle des Dames de la Reine ; le même Peintre y a feint douze petits paysages, avec des marines dans les milieux de la frise.

Le plafond de la salle du concert est magnifique. Le milieu qui est un grand rond, représente la Reine sous la figure de Vénus qui donne ses ordres à Mercure ; les Graces la suivent, & Iris l'accompagne : au-dessous est le grouppe de Zéphire & Flore. Les quatre morceaux qui l'environnent, sont peints sur des piéces de tapisserie, qui semblent avoir été attachées au plafond. Leurs sujets sont l'Enlévement d'Europe, Mars & Vénus, Apollon & Daphné, Hercule & Omphale. Aux côtés de ces tableaux sont autant de figures jouant de divers instrumens ; & il y a encore quatre camayeux aux encoignures.

Dans la salle d'assemblée, on voit la Reine soutenue par Mercure qui lui montre Jupiter ; un Génie aîlé semble aller au-devant d'elle, & lui tendre les bras : différentes Divinités sont peintes dans ce plafond. Les chiffres du Roi & de la Reine occupent les encoignures : des figures aîlées leur servent de support, d'autres prennent

des fleurs dans des corbeilles admira- VINCENNES.
blement peintes par *Baptiste*.

Au plafond de la chambre à coucher, sont Vénus & l'Amour endormis.

Le petit oratoire de la Reine offre la vie de Sainte Thérèse, que *de Séve* a peinte en petits morceaux sur les lambris, dans des cartouches de fleurs.

Les deux galeries découvertes & l'Arc de Triomphe que vous avez considéré de la cour, servent de communication à l'appartement de la Reine-mère. Au plafond de la chambre à coucher, on voit les Vertus Théologales, peintes par *Dorigny*, & huit petits tableaux de *Borzon* dans les lambris. L'oratoire de la Reine est tout doré.

Dans le cabinet d'assemblée, on voit un Prince soutenu par des Génies, dont le plus grand s'avance vers lui pour le couronner. Les lambris présentent treize morceaux de *Borzon*.

Au plafond de la chambre du Conseil, qui est très-bien doré, on remarque les quatre Parties du monde aux encoignures, deux petits tableaux d'enfans qui tiennent des fleurs, & au milieu la Prudence & la Paix.

Dans la salle à manger, paroît le
L vj

VINCENNES

Tems, qui soutient un jeune Prince, & le remet entre les mains de l'Innocence. Des enfans sculptés accompagnent ce tableau; & quatre bas-reliefs achevent de remplir le plafond.

La Sainte Chapelle est d'un assez beau dessein: on estime les Peintures de ses vîtres, faites par *Jean Cousin*; celles de sa voûte sont de *Carmoy*.

Le bois de Vincennes ayant été arraché en 1731, on en a replanté un jeune, avec des arbres isolés dans les allées. La principale qui va à Saint-Maur, conduit à une demi-lune, au centre de laquelle s'éleve un obélisque d'Ordre Rustique, couronné par une aiguille dorée.

Les Minimes conservent dans leur Sacristie un excellent tableau de *Jean Cousin*, représentant le Jugement dernier. La quantité de figures qui entrent dans sa composition, prouve le génie du Peintre. C'est dommage qu'il soit retouché en beaucoup d'endroits. On est redevable aux soins de Pierre de Jode, qui l'a gravé en grand.

BAGNOLET

N'est éloigné de Paris que de deux lieues, & appartient à M. le Duc d'Orléans. Son Parc peut avoir 300 arpens. Une avant-cour de forme circulaire, & une grande cour entourée de barriéres, précédent le Château, dont les deux pavillons se joignent par un péristile formé de colonnes Ioniques accouplées.

Au raiz de chaussée on trouve la salle des Gardes, & à gauche la salle à manger, boisée & sculptée très-proprément, avec des oiseaux & autres peintures dans son plafond : sa figure est ovale, & deux fontaines contribuent à son ornement. Cette salle a vûe sur un petit bosquet formé de tilleuls taillés en boule ; une voliére avec une fontaine en occupe le milieu.

Vous passez de la salle des Gardes dans l'antichambre des Pages, suivie d'un cabinet d'entrée presque carré, & décoré, ainsi que celui de compagnie, de vingt-cinq tableaux de l'histoire de Daphnis & de Chloé, peints par le Duc d'Orléans Régent, & par Antoine Coypel.

BAGNOLET.

À droite se présente un petit salon à pans, orné de glaces & de dorures, une petite galerie, un grand cabinet, & en retour un arrière-cabinet, peint dans le goût de la Chine, & suivi d'un cabinet de la Chine. La chambre à coucher de feue S. A. R. qui est terminée par la Chapelle, donne sur un joli bosquet comparti de trois salles, dont les carrés de bois sont coupés en banquette, & a pour perspective une niche avec un grouppe de deux Faunes.

Repassant par les appartemens, on regagne la salle à manger & la volière. On trouve au-dessus le salon des bois qui n'offre rien que de fort simple, & à côté un bois dont le milieu est occupé par un grand rond d'eau, avec une rocaille à la tête. Le réservoir est sur la droite, & le potager un peu plus haut.

Les jardins passent avec raison pour le chef-d'œuvre de *Desgots*. En face du Château, se présente un grand parterre renfoncé en boulingrin, entouré de marroniers, & terminé par un bassin avec une gerbe. Des deux côtés est une grande allée, dont les palissades sont ouvertes en arcade ; & au bout sont deux boulingrins avec des bouillons, tombant dans des piéces perdues.

BAGNOLET

Tout le bois sur la gauche consiste en une grande étoile, dont le centre est rempli par un bouillon, jouant dans une piéce perdue. Un vaste boulingrin orné de trois rochers, dont l'eau retombe en nappes, termine le jardin que borde une fort belle terrasse, dont la vûe sur Vincennes & les environs, est très-riante.

On apperçoit sur la droite un belveder extrêmement galant : il est coupé à pans, élevé de deux étages ; & un balcon régne tout autour à la hauteur du premier. Ses quatre entrées sont décorées de colonnes & d'enfans, avec des vases de fleurs posés sur la balustrade qui couronne le comble au-dessus des quatre fenêtres principales. L'intérieur est meublé avec beaucoup de goût. Plus loin sont trois salles de verdure contigues, avec un bouillon dans celle du milieu à côté d'une piéce d'eau ; & près delà est un belveder gazonné.

Un petit salon où sont peints des Hermites, a fait donner le nom d'Hermitage à un bosquet, qui n'est rien moins que champêtre & solitaire. Ce

BAGNOLET. salon a huit arcades, dont trois portes & cinq niches séparées par des palmiers : dans celle du fond est un trait de la Vie de Saint Antoine, & dans les autres se voient des Pères du désert. On a peint des Diables sur les volets & sur les portes. Le vestibule gauche offre aux yeux la Vie d'Abraham, & différens Saints & Saintes au désert.

En se rapprochant du Château, on trouve dans un bois un ruisseau, appellé la rivière, qui roule avec peine dans son lit tortueux une onde fugitive.

.... *Obliquo laborat*
Limpha fugax trepidare rivo. (Horat.)

Un petit labyrinthe orné de figures & de berceaux de treillage, termine agréablement ces beaux jardins.

SAINT MAUR.

S. MAUR. Le Château de M. le Prince de Condé, est à deux lieues de Paris, sur la Marne, & dans une des plus belles situations qu'il y ait aux environs de cette ville. *Philibert de Lorme* commença à l'élever par ordre de Marie de Médicis, qui lui avoit confié l'intendance de ses bâtimens. Après être resté imparfait plus de cent ans, *Gittard* l'a presqu'entièrement rebâti.

S. MAUR.

Un corps de logis accompagné de quatre pavillons accouplés, qui ont chacun un toît séparé, compose le Château de Saint Maur. Du côté de la cour soutenue de deux terrasses avec des balustrades de pierre, l'entrée est ornée de colonnes surmontées d'un bas-relief de marbre. Au-dessus, dans un fronton, se voit le buste en bronze de François I.

Du côté des jardins, la face du Château conserve plus de son ancienneté, parce que cette partie étoit faite, à l'exception d'un des pavillons. Le corps de logis du milieu est entièrement couronné d'un fronton chargé de Sculptures. Tout le raiz de chaussée élevé sur un grand perron, n'est qu'une galerie ornée de paysages, & de deux belles tables de Portor. Il y a dans le retour plusieurs pièces dorées, avec deux petits cabinets à chaque bout, dont un est garni de lambris de la Chine.

Les jardins ont été plantés par *Desgots*, d'après les desseins de le Nostre. Il se présente d'abord un parterre renfoncé, terminé par un grand bassin,

& un bois percé en étoiles avec un baſſin dans ſon centre. Sur la gauche, eſt un talus fort exhauſſé, d'où l'on découvre deux parterres, avec leurs baſſins bordés par la rivière de Marne, le long de laquelle régne une grande allée couverte, qui méne à un bois de haute futaye. A côté eſt un boulingrin orné d'une piéce d'eau, & d'un jet qui s'éleve fort haut.

Sur la droite du Château, ſont des parterres à l'Angloiſe, entourés d'allées doubles avec quelques baſſins; & près delà eſt le grand réſervoir buté.

Au bas de ces piéces eſt un jardin que le Duc de Bourbon a acheté de feu M. de la Touane, pour l'enclaver dans ſon Parc. Il conſiſte en un potager renfoncé, un boſquet au-deſſus, une Orangerie, enſuite une fort longue terraſſe, dont la ſerre de l'Orangerie termine agréablement le point de vûe. Cette terraſſe découvre pluſieurs piéces de gazon comparties, dans le milieu deſquelles eſt une caſcade entièrement ruinée, ainſi que toutes les eaux de Saint Maur. La gravûre qui en a été faite pour le Livre de *la Théorie du Jardinage*, (pag. 426. quatriéme édition,) fait connoître son plan ingénieux.

PLAISANCE.

Le Château de Plaisance près Nogent, à deux lieues de Paris, appartient à M. Paris Duvernay. Ses jardins plantés par le Sr. *de la Chapelle*, ont trente arpens, & sont très-agréables. Plusieurs bosquets ornés de figures se présentent sur les côtés du Château. La principale allée est terminée par un baldaquin, placé de manière qu'il fait le point de vûe d'une des fenêtres de la salle de conversation.

De cette grande allée, on apperçoit une très-belle piéce d'eau, de forme carrée. On y descend par un escalier en fer à cheval, dont la tête est ornée d'un baldaquin du dessein de M. *Boscry* : il est accompagné de deux pilastres sculptés en glaçons, & surmontés de lions tenant des palmes qui se lient avec ce baldaquin. Un talus entouré de treillages, interrompus par des vases peints en

[marginalia: S. MAUR.]
[marginalia: PLAISANCE]
[marginalia: M. Paris Duvernay est mort M. de la Blache son neveu a hérité de ce chateau mais je ne sais s'il ne l'a pas vendu.]

260 VOYAGE PITTORESQUE

PLAISANCE. verd, enferme cette piéce d'eau. Les arbrisseaux de ces vases contiennent de petites cages, qui invitent les oiseaux à y déposer leurs œufs, & à faire retentir l'air de leur doux ramage.

Le parterre est accompagné d'un bassin, avec un bouillon formant une nappe. Les potagers sont à côté, avec une belle serre que soutient sur la droite une terrasse, avec un superbe berceau de treillage en galerie, décoré de deux portiques dans ses extrémités.

En revenant vers le Château, on voit le jardin fleuriste & la volière, terminée par un joli salon peint en fleurs, & en treillages avec des oiseaux. Celui du Château a une singularité remarquable, je veux dire le peu de tems employé à sa décoration, qui n'a été que de six semaines. Il est vrai que les différentes parties qui la composent, furent travaillées long-tems auparavant à Paris ; mais il est exactement vrai que cet espace de tems a suffi pour les placer, & y mettre cet accord qui charme les yeux. La corniche de ce salon est dorée, avec huit cartouches remplis par des figures Chinoises. Dans les lambris du pourtour, *Huët* a peint des oiseaux & des fleurs, ainsi que dans les deſſus des portes & des glaces.

On ne doit point négliger de faire attention au goût du Maître, pour élever les plus belles fleurs & les plus rares. Il n'aime pas moins la culture des Ananas, & des autres fruits renfermés dans des ſerres chaudes & vîtrées, qui ne ſont pas le moindre ornement des jardins de Plaiſance.

GAGNY.

Je ne crains point d'aſſurer que ce lieu eſt un des plus beaux des environs de Paris ; & qu'après les Maiſons Royales, il n'y en a point qui ayent de plus belles eaux jailliſſantes. Ses jardins ont été peut-être le premier ouvrage de le Noſtre, & par lequel il a commencé à ſe faire connoître. Ils étoient ornés d'eaux plates & jailliſſantes qu'on alloit voir par curioſité, les caſcades de Saint-Cloud n'exiſtant point alors, ou n'étant pas encore dans l'état où nous les voyons. Le Noſtre avoit cherché à corriger le défaut de la poſition du Château, qui eſt conſtruit dans le plus bas du terrein, en formant vis-à-vis un très-bel amphithéâtre à pluſieurs rampes, qui préſentoient trois baſſins

PLAISANCE

GAGNY.
M. de la Bouexiere est mort, et je sais à qui apartient actuellement ce chateau

l'un sur l'autre, une grotte de rocaille, & une cascade. La grotte & la cascade ont été supprimées : le reste subsiste, & a été considérablement embelli par les soins & la dépense qu'y a faite M. de la Bouexiere. Il a aussi changé tout le reste du Parc, qui contient quarante quatre arpens ou environ. C'est M. *Chevautet* qui a présidé à toutes ces nouveautés.

Sur la gauche du parterre, s'offre à la vûe une très-grande piéce d'eau dans laquelle on a adroitement ménagé un parterre entouré de vases que l'eau environne. Un autre ornement de cette piéce, est une gerbe avec douze jets dardans. Ce côté-là est terminé par un amphithéâtre, avec une galerie en berceau, & un salon de treillage fait en dôme au milieu.

Un cloître & plusieurs salles vous conduisent au réservoir, dont les eaux viennent de la Maison blanche, fief dépendant de Gagny. Ce réservoir a la forme d'un miroir ; & un joli salon de treillage en décore la tête.

J'ai dit que le génie de le Nostre avoit élevé un amphithéâtre à quatre rampes en face du Château. Sur la plus haute il y a un carré d'eau, d'où part une gerbe formée par vingt-un jets qui fournissent deux champignons à double saut, lesquels font six nappes de chaque côté, & deux jets noyés dans un petit bassin long. La troisiéme rampe est coupée par trois buffets, que nourrit un bouillon faisant trois nappes. La rigole qui les reçoit, donne lieu à une grande nappe accompagée de deux jets. Un petit glacis, décrivant une portion circulaire par les extrémités seulement, dessine cette décoration, avec un beau bassin orné de deux jets de vingt-cinq pieds de haut, & de vingt-quatre lames d'eau sortant du gazon qui l'entoure. La quatriéme rampe offre deux piéces de compartiment; & on descend par un talus fort élevé dans le parterre, dont le bassin a un jet d'un pouce. Ce superbe amphithéâtre est soutenu de belles charmilles, & d'ormes taillés en boule avec leurs caisses.

L'œil est ensuite agréablement surpris de la décoration que la droite de ce Parc lui présente. Le premier bosquet vers le haut est décoré d'une gerbe, faisant nappe qui fournit un buffet de trois masques. Le bassin qui reçoit leurs eaux, les envoie dans un autre par une nappe déchirée. Le second bosquet est un boulingrin cantonné de quatre buffets, & enfermé d'autant de carrés de bois coupés par dessus à hauteur d'appui. Le milieu de ce boulingrin a la forme d'une espéce de tréfle, comparti en parterre d'eau : on voit dans le centre une rocaille de jets, entourée de huit autres, avec douze jets formant des vases dans les compartimens.

Le potager est coupé en plusieurs jardins. Dans l'un, est une petite piéce d'eau avec un gros bouillon, que fait jouer la chûte de toutes les fontaines du jardin.

GOURNAY.

La riviére de Marne qui cotoye la terrasse de cette maison, en rend la situation extrêmement riante, & forme au bout des allées des points de vûe fort gracieux. On diroit même que dans quelques endroits, elle se plaît à former des piéces d'eau pour ces jardins. Les bosquets qui les décorent, présentent des amusemens qu'il est rare de trouver réunis dans un même lieu; ce sont différens jeux, tels que l'Escarpolette, l'Arquebuse, l'Arc, la Bague, que, la Boule & la Passe. Le mor- GOURNAY. ceau le plus considérable est un Mont Parnasse élevé de terres rapportées, & orné de grottes & de portes rocaillées, par lesquelles on monte insensiblement, sur une plate-forme dont la découverte est charmante.

La maison est d'une grande propreté, & meublée avec une entente, qui fait honneur au goût de feu M. de Court : elle a depuis été vendue à M. le Marquis du Châtelet. La salle des buffets, au raiz de chaussée, est ornée de Peintures en camayeu, représentant l'Histoire de Don Quichotte; & dans celle d'assemblée, M. *du Mont* a peint plusieurs traits du Roman Comique. Les appartemens du premier étage sont tendus d'étoffes de Perse d'une grande beauté.

A l'extrémité de la terrasse qui régne le long de la maison, s'éléve un Kiogue, ou bâtiment à la Turque, dont le pavé de fayence forme plusieurs tableaux très-variés. L'intérieur est meublé d'étoffes venant de Turquie. Dans les pans coupés de ce pavillon, qui n'est construit que de planches peintes en verd, sont quatre ouvertures dont on peut jouir, soit par des glaces arran-

III. Partie. M

gées en losange qui servent de croisées, soit par des miroirs qui se haussent tout d'une pièce, avec des coulisses pratiquées dans l'épaisseur des planches. Il y a dans un grand renfoncement un canapé qui peut servir de lit ; & dans cette niche se trouvent diverses commodités, dont la forme est aussi ingénieuse que la place qu'elles occupent. On n'admire pas moins l'art avec lequel les chaises, & même les tables de jeu, entrent dans la décoration de ce petit édifice.

Il ne faut pas négliger de voir l'appartement des bains, qui fait un bâtiment séparé, dont la propreté & l'élégance ne font pas le moindre agrément du bosquet où il est placé.

CHAMPS

Est à quatre lieues de Paris, & appartient à M. le Duc de la Valliere. Une grande avenue qui se termine en demi-lune, précede le Château, formé de deux pavillons & d'un péristile de colonnes Toscanes isolées. Au-dessus, est un ordre de pilastres Composites qui portent un fronton. Ce Château est bien bâti, & fort régulier.

Les appartemens répondent à la beauté du dehors. On trouve au raiz de chauffée un falon ovale, dont l'Architecture eft feinte de pilaftres Compofites. Au-deffus des portes on a peint les quatre Saifons en camayeu, fous des figures d'enfans. Le plafond eft un ciel ouvert, avec une baluftrade régnante au pourtour. A droite du falon, on entre dans la falle du billard ornée de deux plans à l'huile de Choify & de Champs, donnés par le Roi à ce Seigneur. La falle de compagnie eft embellie de panneaux de menuiferie, dans lefquels *Huët* a peint des Chinois & des Chinoifes : au plafond il y a des ornemens légers entre-mêlés d'oifeaux & d'infectes. La chambre à coucher de Madame la Ducheffe de la Valliere eft fuivie d'un cabinet entièrement peint en camayeux bleus, repréfentant des paftorales Chinoifes.

Les jardins font pour la plus grande partie du deffein de M. *d'Ifle*. Deux terraffes ornées d'enfans & de vafes élevent le Château, d'où l'on découvre une vûe charmante. Sur l'aîle droite, fe préfente un petit parterre de fleurs, d'où l'on defcend dans une galerie formée par des Orangers placés en tre des arbres isolés. Cette galerie précède une salle de verdure, dont le tapis est séparé en deux piéces, & accompagné de treillages & de bandes de charmille. Suit une autre salle ornée de deux corbeilles de fleurs, & d'un portique de treillage avec une figure.

A côté de la galerie d'Orangers, on a pratiqué un bosquet d'un goût singulier: on y a fait avec des treillages à hauteur d'appui un compartiment de trois figures rondes, qui se joignent pour former dans le milieu une petite étoile avec un cabinet à chaque bout. Un autre bosquet au-dessus forme une grande salle longue, accompagnée de cinq cloîtres ou étoiles, ornés dans leurs milieux de figures & de vases. A l'extrémité du Parc de ce côté-là, on trouve un échaudé rempli par différens retours de charmille, & terminé par une petite élévation de terre où est un ban.

En se rapprochant du Château, on apperçoit deux salles, dont l'une est en boulingrin, & l'autre est compartie de sept piéces de gazon, toutes deux entourées d'arbres isolés.

Deux parterres, l'un de broderie, & l'autre à l'Angloise, décorent la face du Château. Ils sont suivis de deux bassins, que séparent quatre longues pièces de gazon, interrompues par un rond où est un grouppe de Sculpture. Le bassin le plus éloigné a un jet qui s'éleve à 70 pieds. Toutes ces pièces sont soutenues de deux quinconces verds ornés de figures, & de deux petits bois compartis en croix de Saint André.

Ce Parc dont la situation & les aspects sont fort agréables, a deux cens soixante arpens, dont le potager en occupe neuf.

Des cinq grilles qui ont leur issue dans la cour du Château, une renferme le jardin des fleurs, où est un bassin & la serre de l'Orangerie.

VILLEFRIT

Est une maison de plaisance des plus riantes, située au bout du village de Noisy-le-Grand, à trois lieues de Paris. Le bâtiment qui est de côté, a obligé de planter une avenue d'arbres taillés en boule, laquelle retourne en équerre pour former une grande avant-cour suivie de la cour. Attenant les grilles, sont l'Orangerie & le potager avec leurs fontaines.

VILLEFRIT.   Au-dessus de la maison est un bois, dans le haut duquel on trouve une piéce d'eau carrée servant de réservoir, & bordée d'un mur de terrasse, avec une grotte habitée par une Nayade qui y répand l'eau de son urne. Plus bas une piéce cintrée fournit un carré d'eau ombragé d'arbres frais. Sur la droite est un bassin où se rend une grande quantité d'eau. A l'extrémité de ce bois, s'éleve un petit pavillon soutenu par une colonade qui est au niveau d'une terrasse faisant face au Château. Cette terrasse est occupée par un parterre de broderie, un bassin & un grand tapis de gazon entouré de boules d'ormes. A l'extrémité, on apperçoit un boulingrin séparé de la terrasse par un fossé.

Au bas de la terrasse, il y a sur la gauche un petit parterre orné d'un bassin ovale; au-dessous est un petit canal & un bouquet de bois, avec une grotte où un masque doré jette l'eau dans deux bassins, faisant deux nappes qui fournissent un bouillon.

Sortant de ce bosquet qui est charmant, vous vous trouvez dans une grande allée qui termine tout le jardin, dont le milieu est occupé par deux très-grands tapis, & par une piéce d'eau, dont le jet a 70 pieds de haut. Une prairie qu'arrose la Marne, rend cet endroit fort agréable, & rappelle ce champêtre & ce naturel qu'on admire tant à Chantilly. Des sentiers tournans ménagés sur une pente très-roide, mais boisée, qui domine sur cette grande allée basse, vous conduisent presqu'imperceptiblement sur une autre, dont les arbres sont tondus en boule : vous y voyez un bassin dont le jet s'enfile avec le grand, & celui du parterre. Sur la gauche, est un vaste vertugadin. La vûe de cette maison est aussi belle que variée ; & son étendue a de quoi satisfaire les yeux les plus difficiles.

BOIS-LE-VICOMTE

A M^e. de Senozan, est éloigné de huit lieues de la Capitale. On remarque la beauté & la largeur de ses fossés flanqués de bastions dans les extrémités, & qui après avoir environné le Château, séparent la cour de l'avant-cour magnifiquement annoncée par une avenue d'une lieue.

A l'entrée de cette cour, on apper-

BOIS-LE-VI-SCOMTÉ.

coit deux pavillons isolés, & surmontés d'une petite terrasse; dans l'un est le billard, & dans l'autre la Chapelle. Le tableau d'Autel est, dit-on, la copie d'une Annonciation peinte par le Sueur à Mitry, village à une lieue de Bois-le-Vicomte.

Sur la droite de la cour du Château, est une autre cour entourée de bâtimens pour les offices, indépendamment d'une grande Ménagerie placée à l'opposite, où est située la serre de l'Orangerie.

Le Château a onze croisées de face, & deux pavillons qui saillent peu. Un beau vestibule décoré de pilastres & de colonnes Toscanes, dont celles du milieu sont accouplées, sépare les appartemens du raiz de chaussée, qui sont, ainsi que ceux du premier étage, fort bien meublés, & font une belle enfilade.

Le Parc a près de 230 arpens. On voit sur la gauche une grande palmette de gazon, suivie de deux autres piéces de même, avec un petit canal. Les potagers en sont séparés par un autre canal qui ferme le Parc de côté-là. Le reste offre un cloître & autres salles plantées depuis quelques années, qui n'ont point encore l'agrément qu'elles auront un jour.

CHOISY.

En revenant à la Porte Saint Antoine, vous suivez le chemin de la rivière, sur les bords de laquelle est élevé ce Château. Le nom de Choisy-Mademoiselle qu'il a long-tems porté, a été changé en celui de Choisy-le-Roi, depuis que Sa Majesté l'a acquis de M. le Duc de la Valliere. Il est annoncé par des chemins magnifiques, à double rang d'arbres, & par plusieurs pattes d'oie percées dans la campagne.

Le Château bâti en partie par *François Mansard*, est flanqué du côté de la cour de deux aîles décorées de frontons. Sur la gauche, sont de vastes bâtimens, servant de communs & d'écuries, & récemment élevés sur les desseins de M. *Gabriel*, ainsi que les nouvelles cours & avant-cours, qui viennent d'être ajoutées à l'ancien bâtiment.

M. *Carle Vanloo* a peint dans la Chapelle du grand commun Sainte Clotilde, Reine de France, à genoux devant le tombeau de Saint Martin.

Au raiz de chaussée du Château, on

entre à gauche dans une galerie ornée de trumeaux de glaces, couronnés par des enfans, & terminés par d'autres enfans qui tiennent des chandeliers. *Parrocel* devoit y peindre quatre morceaux des conquêtes du Roi : la mort a interrompu ce travail, & il n'a eu le tems de finir que la bataille de Fontenoy.

La salle à manger est décorée de six vûes des Maisons Royales, exécutées par *Martin*, & d'un très-grand plan de la forêt de Senaar.

On voit dans la salle des buffets un tableau de dix pieds, peint par M. *Oudry*. Il représente une fontaine vûe par l'angle, avec des pampres qui s'étendent dessus ; & dans le bas un sanglier & un chevreuil : d'un côté un barbet qui surprend un héron dans des roseaux, de l'autre, deux chiens couchans, un faisan & un liévre attachés ; & dans le coin, des panniers remplis de gibier.

Les dessus de porte de ce côté-ci sont de la même main, ainsi que les portraits de deux chiens couchans.

Vis-à-vis, est un grand morceau de la grandeur du premier, peint par *Desportes*, & représentant un cerf aux abois.

On voit sur les portes deux tableaux du même, où sont des oiseaux des Indes.

L'appartement du Roi occupe l'aîle droite du Château. M. *Nattier* a peint dans la chambre de Sa Majesté les portraits de feue Mᵉ. Henriette, & de Mᵉ. Adélaïde; la première en Flore, & la seconde en Diane.

Dans le cabinet du Roi, il y a deux ovales, de M. *du Mont*; savoir, un Repos de Diane, & un autre qui est la suite du même sujet.

La Chapelle, quoique petite, comprend deux étages. On voit sur les murs différens sujets de la vie de la Vierge, & des Anges qui célébrent son triomphe. Le tableau d'Autel, représentant l'Assomption, paroît copié d'après *la Fosse*, qui a peint au plafond le moment où la Mére de Dieu est reçûe dans le ciel. Ce morceau qui est ovale & en voussure, se distingue beaucoup des autres. *Baptiste* a exécuté dans cette Chapelle des guirlandes de fleurs, & *Charmeton* des ornemens en verd doré.

Les jardins présentent sur la droite plusieurs salles de verdure, dans l'une desquelles on trouve un bassin octogone avec un bouillon. A leur extrémité, il y a une allée double, qui va sur une terrasse soutenue par un vertugadin. Au milieu, est un grand bassin dont le bouillon est vû de l'allée de traverse qui rend au Château. Au bas de ce vertugadin est une continuation d'allée, qui va jusqu'à la rivière, & est terminée par un bassin. Ce vaste espace est rempli par des bosquets coupés à hauteur d'appui, formant le labyrinthe, qu'on nomme le jeu d'oie, parce que les différentes piéces de ce jeu y sont exprimées en Sculpture.

En se rapprochant du Château, on voit un parterre de gazon, dont un bassin occupe le centre; & au-dessus, un petit bosquet fermé : à droite est un potager, un fleuriste, & une volière.

L'Orangerie est ornée d'une belle figure en marbre de l'Amour, qui, avec les armes de Mars, se fait un arc de la massue d'Hercule. M. *Bouchardon* en est l'Auteur. On construit près de cet endroit un nouveau Château destiné à être la demeure de Sa Majesté.

La rivière de Seine fait le principal agrément de ces jardins. Elle coule au pied d'une superbe terrasse, qui doit se terminer à un gros pavillon servant de salle à manger. Près delà étoit un vieux bois qu'on a abbatu depuis quelques années, pour y faire de nouveaux plants qui s'élevent à vûe d'œil.

Semblable à un Favori que son maître se plaît à combler de bienfaits, Choisy reçoit chaque jour de nouveaux embellissemens. On projette de continuer le Parc & la terrasse le long de la rivière, à la place de la Paroisse qu'on rebâtit actuellement, & qui est presque achevée.

ORLY.

Ce Château appartenant à M. le Maréchal de Coigny, est élevé sur plusieurs rampes de gazon. En face est un parterre suivi d'un boulingrin immense, autour duquel régnent deux rangs de boules avec un bassin ovale, terminé par une grande terrasse donnant sur la campagne. A droite du Château est une rampe qui soutient une autre terrasse, sur laquelle on a pratiqué plusieurs salles. Elles sont suivies d'un quinconce, d'où l'on découvre le réservoir, qui ne formoit autrefois qu'une piéce d'eau d'environ un arpent. Comme il ne tenoit point l'eau, on y a pratiqué un boulingrin

[note manuscrite en marge : de M. le D[uc] de Coigny petit fils du M[aréch]al. Ce chateau apartient à présent à M. le Président d'Ormesson qui l'a acheté de M. le Duc de Coigny petit fils du Maréchal]

avec des piéces de gazon. L'eau tombe d'abord dans un bassin carré, d'où par une rigole elle se rend dans un rond, & delà dans un très-grand octogone; ce qui forme un morceau aussi beau que singulier.

Au-dessous de ce réservoir, est une avant-cour, séparée de la cour par un fossé, où l'on a ménagé un joli fleuriste orné de berceaux, avec des vases & des figures: on y remarque une statue en plâtre de l'Amour, de M. Bouchardon, d'après l'original placé à Choisy. L'Orangerie est près delà. De l'autre côté de l'avant-cour est un potager de neuf arpens.

La partie basse du parterre est soutenue par deux talus, qui descendent dans plusieurs bosquets. Le premier est orné d'une piéce d'eau cintrée. Une grande allée vous mene ensuite à un buffet de rocaille, consistant en trois nappes. La piéce qui l'accompagne, est un boulingrin, avec une piéce d'eau & une gerbe, terminée par une autre, où sont deux bassins. On voit au-dessus un cloître formé par des gazons entourés d'arcades, & une salle où est une gerbe. Ce Parc qui est des plus agréables, renferme cent arpens.

VILLE-NEUVE-LE-ROI

Est remarquable par la belle maison de M. le Président de Ségur. Une avenue longue & spacieuse, plantée de quatre rangs d'ormes qui vont jusqu'à Choisy, vous conduit sur une esplanade, qui par une porte grillée mene à une grande avant-cour, qu'une grille de fer sépare de la cour du Château. Il est composé d'un corps de logis & de deux aîles en retour, ornées d'un fronton. On monte par un perron dans un vestibule décoré de tableaux, qui représentent différens sujets de chasse.

La Chapelle, placée au raiz de chaussée, offre un très-beau tableau de Saint Louis prosterné devant le Crucifix. Il y a trois Anges dans la partie supérieure de ce tableau, qu'a gravé G. Edelinck. *Le Brun* le peignit pour feu M. le Pelletier, Contrôleur-Général des Finances, à qui ce Château appartenoit alors. La tribune en saillie régnante au dessus de la porte de cette Chapelle, communique aux appartemens du premier étage.

La galerie occupe toute l'aîle droite,

[note manuscrite en marge : Le roi a acheté cette terre pour la réunir à Choisy et le château doit avoir été démoli.]

du Château : on y voit quatre tableaux de sept pieds de haut, représentant Moyse trouvé sur les eaux, le Passage de la mer rouge, Moyse foulant aux pieds la couronne de Pharaon, & le Frappement du rocher. Les figures en sont grandes comme nature, & il y en a plusieurs de très-belles. Ces tableaux sont de la première manière de *Bourdon*.

Dans un vestibule qui est au-dessus de celui du raiz de chaussée, on a placé quatre morceaux du même Peintre, qui sont la suite de ceux de la galerie ; savoir, le Buisson ardent, les plaies d'Egypte, la Loi donnée sur le mont Sina, & le Serpent d'airain. Ce tableau est le plus grand des quatre.

Du vestibule d'enbas, on descend dans un parterre orné d'un beau bassin : ce parterre est interrompu par le grand chemin, & on passe sur deux arcades dans un boulingrin entouré d'arbres en boule. On découvre delà un beau potager coupé de murs, & très-régulier.

Par deux escaliers ornés de vases, vous descendez sur la gauche du Château dans deux grandes piéces ; l'une formant un parterre à l'Angloise, l'au-

tre terminée par un bassin. Ici com- VILLE-NEU-
mence un Parc de cent-vingt arpens, VE-LE-ROI.
qui descend jusque sur les bords de la
Seine. Les piéces qu'on vient de voir sont
séparées par des arcades de verdure ; la
derniere à gauche est compartie en petits carrés de bois, coupés à hauteur d'appui, & formant plusieurs salles décorées
de tilleuls taillés en boule. Il y a encore une grande étoile avec un beau
bassin qui se découvre de toutes les allées, dont la vûe ne peut trop être re-
marquée.

MONGERON.

La situation de ce Château sur une MONGERON.
hauteur, le fait jouir d'une vûe aussi
étendue qu'agréable. On y arrive par *ce chateau*
des avenues doubles, formant une pat- *apartient a*
te d'oie, & aboutissant à une demi- *M. bernard*
lune séparée par un fossé de l'avant- *de boulainvillier*
cour. La face du bâtiment, du côté de *prevot de paris*
la cour, est plus ornée que celle sur
le jardin ; elle ne reçoit pas peu d'a-
grément des deux nouveaux pavillons
qu'on vient d'y ajouter.

Les appartemens sont décorés d'une
maniere galante : une partie de ceux
du raiz de chaussée donne sur l'Oran-

gerie située à droite, & ornée d'un parterre de fleurs, & d'un petit bosquet formant un labyrinthe avec des salles; le tout terminé par une esplanade élevée pour découvrir le pays. Plus près de l'appartement, est un dragon bronzé, qui lance au milieu d'un bassin un jet assez gros pour fournir celui du grand parterre.

Le côté gauche du Château est encore plus orné. Vis-à-vis l'appartement des bains, est un petit parterre de fleurs, & un bosquet, dont les sinuosités menent à deux demi-cercles, où sont des volières. La salle du milieu présente une niche de treillage, avec un dauphin, dont l'eau forme deux nappes qui retombent dans un bassin où sont trois jets compartis.

Près de ces aimables réduits, sont la glacière & la cave, qu'on est assez surpris de voir concourir à l'agrément de ces jardins. Elles sont situées dans un carré de bois; & l'on a profité habilement de leur élevation pour pratiquer au-dessus des belvederets, où l'on monte par des rampes de roses en massif, & par des allées tournantes bordées de treillages & de pots de fleurs. Le milieu du cabinet de la cave est rempli de deux corbeilles de fleurs entourées de banquettes de gazon. Comme on y est à l'abri du soleil, on l'a nommé le cabinet de solitude. C'est ainsi que l'homme de génie fait naître des beautés dans les endroits même qui en paroissent le moins susceptibles.

Les bois de haute futaye sont entourés d'un mur de terrasse pour jouir de la vûe, & percés en double étoile avec deux salles, dont les allées s'alignent de tous côtés. Au milieu est un grouppe, représentant Diane & Endimion. Les extrémités de ces bois forment deux grands ronds décorés de deux grouppes ; l'un, d'un cerf aux abois ; l'autre, de Titon & l'Aurore. Ce dernier s'apperçoit du Château, d'où l'on descend par une rampe vers le grand bassin. Cette rampe est occupée par deux piéces de parterre à l'Angloise, ornées de plate-bandes de fleurs, de quelque broderie aux extrémités, & de grouppes d'enfans dans leurs milieux.

Sur les côtés du parterre sont deux grandes piéces de gazon, comparties par des banquettes de charmille, qui forment d'un côté * un cloître carré,

---

* Il n'y a encore que le côté gauche d'exécuté : l'autre n'est que projetté.

MONGERON. & de l'autre, un ovale avec des falles, des cabinets & des carrefours d'un joli deffein.

Toutes ces piéces aboutiffent à une allée de traverfe, foutenue d'un talus, d'où vous defcendez fur une autre terraffe en rampe : on y a pratiqué des piéces de gazon entourées de plate-bandes, & ornées de quinconces fur les côtés. Par un fecond talus on arrive à un grand canal de plus de 100 toifes, arrondi dans fes extrémités, & fourni par deux jets placés en face des contr'allées du parterre.

Une troifiéme terraffe eft occupée par un potager de douze arpens, coupé en trois parties. Celle du milieu deftinée aux légumes a un grand baffin élevé, dont l'eau en fournit quatre autres pratiqués dans les deux parties latérales, formant chacune fix petits jardins féparés par des murs d'efpalier. Ce beau potager eft l'ouvrage du nouveau Seigneur de Mongeron, M. Fabus, Receveur-Général des Domaines & bois de la Généralité de Paris.

À CRÔNE.

Ce Château d'une Architecture simple, mais noble, est placé dans un fond, & appartient à M. le Président d'Arconville. La petite rivière d'Hyeres entoure totalement son Parc, dont elle fait comme une île ; on l'a régularisée en canaux des deux côtés ; & aux extrémités, elle forme deux demi-lunes. Cette rivière nourrit aussi les fossés du Château, où elle tombe par deux nappes.

Les petits jardins de Flore sont ajustés dans le goût le plus mignon. On diroit que cette Déesse elle-même auroit pris soin de les orner. Une prodigieuse variété de fleurs y éclate des plus vives couleurs, & répand une odeur dont l'air est parfumé. De petites allées de charmille qui accompagnent le parterre, font des espéces de guillochis pour une promenade solitaire. Un amphithéâtre de gazon soutenu d'un portique de treillage, & décoré de vases, donne l'idée d'un petit théâtre servant de perspective. Sur les côtés on a ménagé une serre qui entre fort bien dans cette décoration.

[marginalia:] CRÔNE. Ce château a passé à un colet d'hauteuil qui s'en est deffait, et je ne sais a qui il apartient.

DRAVEIL.

DRAVEIL.

Le Château de Draveil, appartenant à M^r. de la Haye, est composé de plusieurs aîles de bâtiment très-considérables. Les écuries qui méritent d'être vûes, sont sur la gauche, avec le potager & l'Orangerie, dont la serre est grande & bien bâtie. A droite est un parterre de fleurs, bordé de bandes de menuiserie & environné de berceaux.

Des appartemens, vous descendez par un perron à deux rampes dans le parterre, accompagné de deux quinconces qui ont chacun leur bassin. Au-dessus, sont deux bosquets qu'on a coupés en allées, pour jouir du Château d'une découverte fort agréable. Quelques-unes de ces allées ont pour point de vûe des rotondes placées aux extrémités de la terrasse du parterre; idée prise du goût Anglois. Ces bosquets sont séparés par deux tapis de gazon, terminés par un bassin ovale, & précédés de deux beaux vases de marbre, exécutés par *Girardon*. Ils sont enrichis d'un bas-relief, qui représente, dans l'un, le Triomphe de Vénus Populaire, qui montée sur un bouc est accompagnée des Divinités de la mer ; & dans l'autre, celui d'Amphitrite, assise dans un char qui est précédé de l'Amour, & auquel sont attelés des chevaux marins.

Plus loin sont quatre piéces de gazon, qui achevent la décoration de la terrasse. Vous en descendez par quatre escaliers, qui vous menent dans un verger coupé en croix de Saint André, & orné dans son milieu d'une piéce d'eau renfoncée. Ce verger occupe tout le terrein de ce côté-ci jusqu'à une magnifique terrasse de 350 toises de long, qui donne sur la prairie.

On voit au centre d'une des étoiles du Parc un grouppe de marbre blanc, représentant une Nymphe portée sur un Triton qui embouche une conque. Ce morceau de Sculpture a été exécuté à Gênes par un bon Maître.

La partie la plus voisine du verger est partagée en plusieurs cabinets ornés de figures, de bassins ou de vases de marbre. A côté est un grand canal cintré, dont la tête est décorée d'un bassin plus élevé, du milieu duquel s'éleve un grouppe de rocailles qui porte une figure de Latone. Il en sort une petite cascade faisant trois nappes, accom-

DRAVEIL. pagnées de deux bouillons. Toute cette eau fournit deux nappes qui retombent dans le canal : les paysans de Lycie métamorphosés en grenouilles sont posés sur les côtés, & jettent des lames d'eau. Le boulingrin qui est au-dessus, contient le réservoir de cette cascade.

BRUNOY.

BRUNOY.

M. de Brunoy fils de M. de Montmartel a vendu son château à Monsieur, M. Thomas de Pange lui a aussi vendu la maison qu'il avoit dans le même village.

On arrive au Château de M. de Montmartel par la grande rue du village, bordée des deux côtés de potagers & de vergers, qui ont leur entrée par plusieurs grilles de fer. Ces endroits ordinairement plus utiles que curieux, réunissent ici ces deux avantages. Quantité de serres chaudes & vîtrées y fournissent des primeurs bien plutôt qu'en aucun jardin, & font paroître les fruits de l'été & de l'automne au milieu des glaces de l'hiver.

L'avant-cour du Château est entourée d'un grand bâtiment, élevé par M. Bossry, & destiné aux remises & aux écuries. Vous descendez par un fer à cheval soutenu de belles terrasses, avec des grouppes de figures, dans la cour du Château qui est ancien : on y trouve

de

de beaux appartemens, un grand salon & une galerie.

Sur le côté droit des cours, vous entrez dans les bosquets, dont le premier qui est renfoncé, forme un petit labyrinthe avec des allées bordées de treillages. Les trois bosquets contigus sont des salles, avec des vases de Sculpture. Une grande piéce qui suit, présente une figure ovale, soutenue de gradins de gazon avec des boules & des vases. Vous passez delà dans un bosquet encore plus vaste, dont la salle du milieu est un grand renfoncement de gazon environné d'arbres isolés, tournant autour d'un rond qui occupe l'extrémité de ce bosquet, avec un petit cabinet au bout.

A la sortie de ces agréables lieux, on apperçoit une piéce d'eau formée par la rivière d'Hyeres, qui est régularisée en canal le long du parterre, & qui retourne pareillement en canal sur les bords d'une grande prairie qu'elle enferme dans le Parc. On a ménagé derrière les murs une petite piéce d'eau, nommée le bassin des écrevisses, qui est renfoncée & entourée de gradins de gazon. C'est la rivière qui nourrit ce bassin. Comme le terrein est assez

BRUNOY.

étroit entre les bosquets & le canal, on y a formé des plate-bandes de fleurs en corbeilles, interrompues par un bassin octogone.

Les jardins hauts, qui par un pont communiquent avec ceux qu'on vient d'examiner, ne présentoient autrefois qu'une montagne escarpée; cette montagne est présentement partagée en quatre terrasses soutenues par de grands talus. Il y a d'abord un parterre à l'Angloise, accompagné de deux grands tapis de gazon entourés de boules d'ormes. Sur la première terrasse est un canal, dont le milieu forme une portion circulaire. La seconde est compartie en quatre pièces de verdure, ornées de figures & de vases. On voit sur la troisiéme un bassin en miroir. La quatriéme terrasse présente une pyramide, consistant en quatre nappes d'eau qui retombent dans un bassin de plomb, où elles en forment deux autres, & un éventail dans le miroir d'eau qui est au-dessous. Il y a deux quinconces sur les côtés; & dans le milieu deux tapis de gazon, terminés par une grille qui suit une portion circulaire. Son point de vûe est prolongé par une allée double qui conduit à la forêt. Les quinonces qu'on vient de voir, font furmontés, l'un d'un cloître de forme carrée, l'autre d'une volière.

Du côté du pont, une belle allée, le long de la prairie, mene vers un grand étang formé par la rivière d'Hyeres. Son eau fait jouer une machine hydraulique, inventée par le Père *Féri*, Minime, laquelle élève par des tuyaux de fer trente-six pouces d'eau dans deux réservoirs de dix arpens. Ces réservoirs situés dans la forêt de Senaar, sont revêtus, & entourés de terrasses plantées en tilleuls, sur lesquelles on peut se promener en carosse.

La maison de M. Thomas, Trésorier-Général de l'Extraordinaire des Guerres, qui est enclavée dans le Parc de Brunoy, a quarante arpens, & est renommée pour ses belles eaux. Le bâtiment est moderne & régulier. La partie supérieure du Parc où l'on monte de la cour, consiste en un petit parterre accompagné de vergers, au-dessus desquels sont trois réservoirs qui fournissent les eaux du jardin. On a planté plus haut des carrés de bois, avec une allée tournante, qui par un escalier de gazon, dont la partie d'en bas est circulaire, descend au grand boulingrin proche le canal.

Le long du bâtiment, régnent une terrasse & une souterrasse bordées de vingt chandeliers d'eau. Le parterre orné de trois bassins est soutenu par une autre terrasse, avec un vertugadin qui descend dans une piéce carrée, dont le milieu est un boulingrin. Vous trouvez enfin une demi-lune, où est le grand jet qui s'éleve à cinquante pieds de haut. Sur la droite de toutes ces piéces, on a pratiqué un chapelet de différens petits cabinets, terminé par deux quinconces, & destiné à sauver l'irrégularité du terrein.

Dans le bas il y a quelques salles, où sont de petites eaux, telles que la Syréne, & le jet appellé le Tombeau, qui est large à sa sortie, & se termine en une pointe fort fine.

Sur la gauche est la galerie d'eau, formée de six bassins en rigole, avec des jets, & terminée par une portion circulaire, où il y a un bassin avec un bouillon d'eau : autour de la charmille, sept autres bouillons forment des rochers suans. En sortant de cette galerie, on voit un carré d'eau entouré d'une palissade coupée en niches, où sont des figures. Au bout, est un berceau & une piéce renfoncée, avec une statue qui fait un point de vûe fort agréable de la galerie d'eau. Le reste du terrein qui est de plein pied, est occupé par la meloniere, le petit potager, & un canal que fournit la riviere d'Hyeres.

BRUNOY.

Au-dessus de ces différens bosquets on a placé le grand potager, dont le bassin sert de réservoir aux eaux d'en bas. La piéce qui l'accompagne, est un quinconce suivi d'un boulingrin, dont la tête a la forme d'un vertugadin à plusieurs rampes de gazon.

Toute la droite est occupée par un grand bois de haute futaye percé en étoile, avec une salle ronde entourée de boules isolées, & une autre ovale, ornée d'un grouppe de figures, servant de perspective à la terrasse qui régne le long de la maison.

GROSBOIS

Ainsi nommé à cause de la vaste étendue de ses bois, a un Parc de plus de 1700 arpens, & appartient à M. Chauvelin, Ministre d'Etat, ci-devant Garde des Sceaux de France. Une pat-

GROSBOIS.

après la mort de M. Chauvelin M. de Moras a acheté ce chateau et cette terre et M. le

GROSBOIS. te d'oie pratiquée dans les bois, mene à la grille, suivie d'une longue avenue qui descend vers le Château bâti dans un fond.

On remarque au premier étage une galerie, au plafond de laquelle il y a quatre tableaux représentant des Conférences avec les Suisses ; & un cinquième au-dessus de la porte, où est Charle IX. Le Duc d'Angoulême, Seigneur de Grosbois, fit venir de Lyon pour peindre cette galerie, *le Blanc*, maître de Blanchard, fameux Peintre François. Différentes évolutions Militaires se voient sur les côtés, au nombre de huit morceaux, tous peints sur le mur.

Cette galerie est suivie d'un salon qui sert aujourd'hui de Chapelle. On voyoit au plafond un Jupiter, dont on a changé les traits en ceux du Père Eternel. Je rappellerai à cette occasion ce que Lully disoit d'un air qu'il avoit fait pour un Opéra, & qu'on chantoit à la Messe : *Seigneur, je vous demande pardon, je ne l'avois pas fait pour vous.* *

* Lettres de Sevigné t. VI. p. 243.

Le parterre est entouré d'eau, excepté du côté du Château : il est terminé par une grande pelouse verte, décorée de boules, & soutenue par des bois. Dans les grands boulingrins qui occupent les côtés du parterre, sont placés des grouppes en pierre de dix pieds de proportion, faits par deux de nos plus habiles Sculpteurs. Celui de la droite, dû à M. *Adam l'aîné*, représente un Chasseur qui prend un lion dans les retz; il regarde d'un œil menaçant cet animal qui a terrassé son chien. L'autre grouppe fait par M. *Bouchardon*, offre un athléte qui dompte un ours: un de ses genoux porte sur cette bête féroce, & occasionne un savant racourci. Le boulingrin orné de ce grouppe est accompagné d'un quinconce, & d'un étang au-dessus; l'un & l'autre environnés de boules.

Les potagers qui sont beaux, & fort étendus, occupent la gauche du Château, & l'Orangerie la droite.

HYERES.

Ce Village, à trois quarts de lieue de Grosbois, renferme une des plus belles sources qu'on puisse voir; elle est dans le clos Budée, dont elle a pris le nom. La Nature a fait seule les frais des ornemens de cette fontaine, qui

HYERES. fort du roc en grande abondance, sous de grands marroniers & des peupliers blancs, dont les branches se plaisent à former une ombre qui invite au repos. On y lit ces quatre vers, que la Nymphe de la fontaine adresse à ceux qui s'empressent de la visiter :

Toujours vive, abondante & pure,
Un doux penchant régle mon cours.
Heureux l'ami de la Nature,
Qui voit ainsi couler ses jours !

ARMINVILLIERS

ARMINVILLIERS.

Près de la petite ville de Tournehem, à neuf lieues de Paris, appartient à M. le Marquis de Beringhen, premier Ecuyer du Roi. Ses cours & ses basse-cours sont entourées d'un double fossé d'eau. Sur la gauche du parterre, orné d'un grand bassin ovale, avec un bouillon qui forme trois nappes, on a pratiqué des canaux bordés d'un portique de charmille, formé d'avant-corps surmontés de boules. Cet élégant portique est entre les canaux & le potager. Au-dessus du parterre, sont deux salles de verdure.

A côté est une espèce de petit laby-

[marginalia: cette terre a été achetée par le roi et donnée a M. le comte d'eu, faisant partie de l'Echange de la principauté de Dombes. elle apartient aujourd'hui a M. le Duc de Penthièvre.]

rinthe, qui a un rang de palissades taillées dans le goût du portique. Cette allée mene à un très-beau bosquet, dont les allées sont formées par une double palissade d'ifs taillés en banquette, avec des boules & des vases ménagés dans toute sa longueur. Du milieu de ce bosquet qui est rond, s'élevent vingt-quatre gaînes de charmille ayant des socles & des boules dans le haut: un arbre entouré d'un gradin de gazon en occupe le centre. Près de ce bosquet, sont deux cloîtres entourés d'un double rang de charmille.

On dit que le Parc comprend huit cens arpens, dont trois cens sont couverts par un étang élevé de dix pieds plus haut que le Château & les parterres. Au bout est une canardière, fameuse par la quantité de canards sauvages qui s'y rendent, attirés par les privés. La chasse s'en fait deux fois le jour, à neuf heures du matin & à deux heures après midi, depuis le commencement de Mars jusqu'au quinze d'Août.

Le long de cet étang immense, & près du Château, régne une charmille percée en arcades; & au milieu de chaque trumeau, il y a une gaîne formée pareillement de charmille, & imitant la figure d'un Terme de pierre : on les appelle dans le pays *têtes de morts*. Pour se former une idée de toutes ces belles palissades, il est à propos de consulter les gravûres qu'on en trouve dans *la Théorie & la pratique du Jardinage* (pag. 68.) : ces gravûres dûes à une main habile, valent mieux qu'une plus longue explication.

LE RINCY

À deux lieues de Paris, nommé présentement Livry-le-Château, est à M. le Marquis de Livry, premier Maître d'Hôtel de Sa Majesté, & a été bâti par *le Veau* pour M. Bordier, Intendant des Finances. Il consiste en un grand corps de logis composé de trois pavillons : celui du milieu a un Attique de plus, & est arrondi par les extrémités. Le comble est orné de vases, ainsi que les faces latérales des deux autres pavillons, qui sont décorées de grands pilastres Ioniques. De ces pavillons partent deux galeries : celle de la droite a des arcades à jour, & ne sert qu'à symmétriser avec l'autre, qui renferme les offices & le logement des

[marginal note: ce chateau ayant été vendu à M. le Duc d'Orléans a repris son ancien nom de Rincy]

Officiers, & qui est surmontée d'une terrasse couverte de dalles de pierre.

Deux pavillons ornés de pilastres Doriques terminent ces deux galeries. Dans l'un est la cuisine la plus belle & la plus curieuse qu'on puisse voir, tant pour sa voûte surbaissée & sa décoration intérieure, que pour sa grandeur & ses deux fontaines.

La basse-cour qui n'est pas éloignée, a dans son milieu une fontaine circulaire à quatre jets, qui tombent dans un bassin ouvert des quatre côtés pour faire autant d'abreuvoirs.

Les beautés des dedans du Château ne le cedent point à celles des dehors. On trouve d'abord un vestibule carré, soutenu par trente-deux colonnes d'Ordre Dorique, & d'une seule piéce. Ce même Ordre régne dans l'escalier avec des corps de refend; il est de plus fort orné de figures sculptées en pierre, & de deux grouppes d'enfans portant sur leur tête des paniers de fleurs.

Au premier étage, se présente d'abord un grand salon à l'Italienne; il est ovale, & a cinquante quatre pieds de haut, sur soixante-dix huit de long. Son Architecture est feinte de grands pilastres Ioniques dorés, si parfaite-

LE RINCY. ment peints, qu'on dit que le Czar Pierre I. les crut de relief, & qu'il fallut lui apporter une échelle pour qu'il fût détrompé en y portant la main. On voit dans le plafond fait en calotte, l'Histoire de Médée en seize panneaux de grisaille; & au milieu cette Mégere est sur son char traîné par des dragons. Au-dessous, paroissent divers attributs de la Musique, dans deux tableaux longs qui forment des tribunes où l'on peut placer des Musiciens. En face de la cheminée, on voit la Paix qui met le feu à un monceau d'armes.

Perrier a peint à fresque au plafond de l'antichambre le Festin de Bacchus, le Triomphe de ce Dieu, & une Vendange: dans ce dernier, Silène paroît assis au pied de la Cuve. Ces morceaux sont séparés par des piéces de bois feintes, entourées de pampres qui forment un berceau.

On a placé sur la cheminée un banquet Royal, qu'on dit de *Rembrant*.

Le plafond de la chambre à coucher offre un morceau peint par *Perrier*, qui représente Vénus sur son char, précédée des Graces.

Au plafond du grand cabinet, est un morceau ovale très-agréable & très-bien colorié ; c'est la Toilette de Vénus. Quatre médaillons dans les angles ont pour sujet la Naissance de cette Déesse, Mars & Vénus, Vénus & Adonis, & le Jugement de Paris. Autour de la corniche, sont des enfans en camayeu, & de grandes figures allégoriques à la Déesse de l'Amour.

LE RINCY.

On entre ensuite dans un petit cabinet doré, dont la forme est un carré long. Le plafond représente l'Embrasement de Troie. Vénus accompagnée de l'Amour montre à Paris cette ville en proie aux flammes. Les Déesses ses rivales, mécontentes du jugement de Paris, s'envolent dans les airs. Sur le devant est le Fleuve Scamandre, qui promenoit ses eaux autour de cette ville. Cet ouvrage est un des plus beaux de *du Fresnoy*, tant pour le coloris que pour l'ordonnance.

Dans les compartimens de ce plafond, sont quatre Amours. La porte & les lambris présentent, suivant l'usage de ce tems, des ornemens & des figures qui ont rapport au sujet principal : on y voit de plus les portraits de Louis XIII. & de la Reine Anne d'Autriche.

Les fossés qui entourent le Château

Le Rincy. sont secs, & bordés d'une balustrade de pierre. Le parterre n'est qu'une grande terrasse, dont la découverte est très-variée. Le Parc a 1400 arpens, & est décoré de bassins & de fontaines, dont il ne reçoit pas peu d'agrément.

GUERMANDE

Guermande Est peu éloigné de Lagny : ses jardins ont toujours passé pour un des meilleurs ouvrages de *le Nostre*. La cour du Château qui est un gros bâtiment à doubles pavillons, est entourée d'une part, d'un fossé sec, & de l'autre, d'une galerie, qui donne sur un grand parterre avec un bassin. A ce parterre succéde un apppartement verd, composé de cinq salles, dont le dessein est diversifié. Au-dessus, on a planté un bosquet formé de cinq autres salles, & surmonté d'un grand bois, qui présente différentes routes fort agréables. Le centre de ce bois offre une salle entourée d'arbres & d'une double ceinture de gazon.

En se rapprochant du Château, on peut voir la pompe & le réservoir qu'on a placés dans un petit bois ; & vers la principale face du Château, un parterre orné d'un baſſin & d'une rampe pour monter dans les parties hautes du jardin. A droite eſt un boulingrin comparti, & une piéce appellée *l'Ormoie*, qui n'eſt qu'un quinconce avec une ſalle dans le milieu. Le reſte du Parc eſt en bois & en terres labourables; ſon étendüe eſt de deux cens arpens. La vûe & les dehors du Château ſont au-deſſus de toute expreſſion.

FRESNES.

Ce Château très-conſidérable eſt à ſix lieues de Paris, & appartient à Monſieur d'Agueſſeau, Conſeiller d'Etat ordinaire. Il eſt renommé principalement pour ſa Chapelle, qui paſſe avec raiſon pour un chef-d'œuvre d'Architecture de *François Manſard*. Cet habile homme avoit été choiſi par la Reine Anne d'Autriche, pour élever la belle Egliſe du Val-de-Grace à Paris. Lorſqu'il l'eut conduite juſqu'à la grande corniche, la Reine, pour des conſidérations particuliéres, jugea à propos d'en charger d'autres Architectes. Manſard piqué de cette préférence, réſolut de faire connoître

FRESNES.

le peu de capacité de ceux qui l'avoient ainsi supplanté. Il entreprit alors la Chapelle de Fresnes pour M. de Guénégaud, Secrétaire d'État; & il exécuta en petit le modéle qu'il avoit imaginé pour le Val-de-Grace, dont la coupe de cette Chapelle n'a guére que la troisiéme partie du diamétre.

Un des côtés du parterre a vûe sur une grande piéce d'eau; & l'autre sur de fort beaux bois, au bout desquels est encore une piéce d'eau. Le Parc a beaucoup d'étendue; & les environs sont plantés en fort belles avenues.

SAIN-PORT

SAIN-PORT.

Le château de St port où il est assise, apartient apresent à Madᵉ la mise de Montesson Douairiere, qu'on sait être attaché à M. le Duc d'Orléans.

A six lieues de Paris, sur les bords de la Seine, est un Château des mieux situés. On y arrive par une patte d'oie percée dans les bois, & qui rend à une vaste esplanade, suivie de l'avant-cour & de la cour. Une belle terrasse régnant dans toute l'étendue du jardin, se présente en face du Château, qui est un corps de logis flanqué de deux pavillons. A côté est un autre pavillon, où est la nouvelle salle à manger. Le Roi passa il y a quelques années par Sain-Port, & trouva que la piéce destinée à cet usage étoit trop petite. Les

DES ENVIRONS DE PARIS. 305

paroles de Sa Majesté furent rappor- SAIN-PORT.
tées à feu M. Glucq qui fit construire
en peu de tems celle-ci, dont la décoration est extrêmement recherchée.

La terrasse dont je viens de parler,
conduit à gauche dans deux petits bosquets, & à droite dans un quinconce,
au-dessus duquel est l'Orangerie. Le
haut du jardin est un bois de haute futaye percé d'allées. Au bas de la terrasse, vis-à-vis le Château, est un parterre qui va jusqu'au bord de la rivière. Ce Château appartient à M. de
Montullé, Sécretaire des commande-
mens de la Reine.

A l'extrémité du village de Sain-Port
est une belle maison, appartenant à M.
Bouret, Fermier Général. Elle n'est séparée du canal de la Seine que par
une prairie en esplanade, sur le bord
de laquelle est une fontaine, nommée
Croix-fontaine, qui jette assez d'eau
pour faire tourner un moulin.

La maison est isolée, & située à la chûte de plusieurs terrasses. A droite on apperçoit un parterre de gazon, dans un
boulingrin entouré d'arbres en boule, &
bordé par un berceau de treillage, qui
fait un très-joli effet. Ce parterre est

[marginal note: La maison de Croix-fontaine est actuellement démolie; il ne subsiste que le pavillon du roy.]

suivi d'un bosquet, & de plusieurs salles sur un des côtés. Une belle allée borde toutes ces pièces, & est terminée par un rond d'eau, avec un portique de treillage. Dans le bas on trouve les potagers qui sont renfoncés, & qui ont chacun leur bassin, fourni par un plus grand pratiqué dans le haut du jardin.

Fin de la troisième Partie.

VOYAGE PITTORESQUE
DES ENVIRONS
DE PARIS.

QUATRIEME PARTIE.

U côté du Nord, on trouve la Porte Saint Denis, qui mene à la petite ville de ce nom, située à deux lieues de Paris. Les sept croix de pierre qu'on remarque sur le chemin, ont été placées dans les endroits où Philippe le Hardi & ses freres, enfans de Saint Louis, se reposérent en portant à l'Abbaye Royale de Saint Denis le corps du Roi leur père.

SAINT DENIS.

S. Denis.

Cette Eglise, qu'on croit être la cinquiéme ou la sixiéme construite sur le tombeau de Saint Denis, participe de différens goûts d'Architecture. Cependant toutes ses parties forment un des plus beaux gothiques qui existent. Son entrée est un reste de l'ancien bâtiment élevé sous Charlemagne, & sert de vestibule à l'Eglise bâtie en 1231, des bienfaits de la Reine Blanche & de Saint Louis. Le chœur & le chevet furent achevés en 1281. sous Philippe le Hardi.

Le portail accompagné de deux tours, sur l'une desquelles s'élève une pyramide, a trois grandes portes. Au-dessus du cintre de la principale est représenté un Christ dans la gloire ; & sur les côtés de chaque portique sont des statues de Rois, de Reines, & de Bienfaicteurs de cette Eglise. Elle est comme divisée en trois parties ; la nef, le chœur & le chevet, qui tirent leur principale beauté de leur structure & de leur légéreté. Le grand buffet d'orgues est porté sur une arcade de plus de 40 pieds de haut, & de toute la largeur de la nef. C'est un ouvrage moderne, dont *du Val* a été l'Architecte.

A un des piliers de la nef, dans le bas-côté droit, on remarque le mausolée de Jacque de Stuer de Cauffade, Marquis de Saint Mégrin, nouvellement exécuté en marbre & en plomb par M. *Slodtz*.

Les grilles de fer qui ferment les côtés du chœur, méritent d'être remarquées pour la beauté du travail. Elles sont dûes au *Frére Denis*, ainsi que la grille placée au-devant du chœur, & dont la porte a pour amortissement une croix d'or, qu'on dit avoir été faite par Saint Eloy. Les autres ouvrages en fer, tels que les degrés & les tours du jubé, les grilles collatérales du chœur, la suspension des lampes, & la balustrade de l'orgue sont de ce même Frére Denis.

On sait que cette Eglise est destinée à la sépulture de nos Rois, depuis Dagobert I. mort en 638, qui en est le principal fondateur. Sans entrer dans le détail de leurs tombeaux amplement décrits dans l'Histoire de l'Abbaye de Saint Denis par Don Felibien, je me contenterai de parler des quatre plus beaux monumens qui sont l'ornement de cette Eglise, les seuls qui doivent entrer dans le plan de cet ouvrage.

Le tombeau de François I. placé à droite, est de marbre blanc, & décoré de seize colonnes cannelées d'Ordre Ionique, distribuées au-devant des arcades, par lesquelles on découvre trois voûtes ornées de Sculptures. Sous la plus grande, on a placé les figures couchées de François I. & de la Reine Claude de France. Au-dessus, sont cinq statues de marbre, de grandeur naturelle : celles du Roi & de la Reine sont à genoux, chacune sur un prié-Dieu; les trois autres aussi à genoux sont deux fils & une fille de ce Prince. Les faces de ce tombeau qui est du dessein du *Primatice*, présentent différens bas-reliefs, dont il y en a deux principaux. L'un offre la célébre bataille de Marignan, gagnée contre les Suisses en 1515, & qui dura les 13 & 14 Septembre : l'autre est celle de Cérisoles, gagnée en 1544. dans le Piémont par le Comte d'Enguien, contre l'armée des Impériaux.

Dans la même Chapelle, Marguerite Comtesse de Flandre, fille de Philippe V. est représentée en marbre blanc, & couchée sur un tombeau de marbre noir, qui est décoré d'un ouvrage gothique terminé en pyramide.

A un pilier de la croisée, est adossé l'Autel de Saint Benoît, orné de deux colonnes de porphyre, dont les chapiteaux & les bases sont de bronze. La figure en marbre du Saint tenant sa crosse, est de *Tuby*.

Le grand Autel, d'un goût antique, a la plus grande partie de son retable d'or, & enrichie de pierres précieuses. Dans les trois bas-reliefs du milieu, qui sont d'or & fort anciens, Jesus-Christ est représenté tel que Saint Jean le dépeint dans l'Apocalypse : les deux autres plus modernes, & de vermeil doré, font voir l'Adoration des Mages & la Présentation au Temple.

Au-dessus du retable, est posée une grande croix d'or enrichie de pierreries ; de son pied sort une espéce de crosse couverte de feuillages, d'où pend le Saint Sacrement enfermé dans une custode, qui est ornée de colonnes Ioniques très-bien travaillées en bronze, par *Cuffi*.

Sur le devant d'Autel qui est de vermeil doré, *Loyr* a représenté l'Enfant Jésus dans la Créche, adoré par les Bergers.

Au côté gauche du chœur, on remarque le tombeau de Louis XII. dont l'Architecture est fort délicate & toute de marbre, ainsi que les figures qui l'accompagnent. Un soubassement élevé sur deux marches est orné de bas-reliefs, où se voient les victoires de Louis XII. en Italie. Aux angles de ce soubassement sont assises quatre figures de femmes plus grandes que nature ; savoir, la Prudence, la Justice, la Tempérance & la Force. Au milieu du mausolée on voit une forme de tombeau, qui soutient les Figures nues & mourantes du Roi & de la Reine Anne de Bretagne sa femme, couchés à côté l'un de l'autre. Entre les arcades dont il est environné, sont assises les figures des douze Apôtres, de moyenne proportion. L'entablement qui les couronne porte un socle, au-dessus duquel on a placé le Roi & la Reine à genoux. La plus grande partie de ce bel ouvrage est attribuée à *Paul Ponce* : on soupçonne que l'autre a été travaillée à Tours par un Sculpteur nommé *Jean Juste*.

Le

Le tombeau des Valois est au-dessus de celui de Louis XII. Construit d'un beau marbre blanc, il est orné de douze colonnes Composites, élevées sur un soubassement en forme de piédestal. On voit dans les angles les quatre Vertus Cardinales en autant de statues de bronze. La Foi, l'Espérance, la Charité & les bonnes Œuvres, sont représentées sous des figures Symboliques dans les faces du soubassement, au-dessus duquel on a placé les statues mourantes & couchées de Henri II. & de Catherine de Médicis. La plate-forme qui les couvre, est surmontée des figures en bronze du Roi & de la Reine à genoux sur un prié-Dieu. Le Sculpteur de ces beaux ouvrages est inconnu : je serois porté à croire que Germain Pilon y a eu quelque part, surtout aux Vertus Cardinales qui ont beaucoup de sa manière.

Remarquez près delà une cuve de porphyre, de cinq pieds trois pouces de long, sur deux pieds deux pouces de large, & seize pouces de profondeur. Quelques Antiquaires prétendent que c'est plutôt un tombeau qu'un baptistaire.

Le mausolée du Vicomte de Turen-

IV. Partie. O

ne se voit dans la Chapelle voisine. Ce grand Capitaine y est représenté expirant entre les bras de l'Immortalité, qui tient une couronne de laurier qu'elle éleve vers le ciel. L'aigle effrayé qui est à ses pieds, désigne l'Empire sur lequel il a remporté tant de glorieux avantages. Ce grouppe a été sculpté par *Tuby*. Un bas-relief de bronze représente au-devant du tombeau la dernière action du Vicomte, durant sa campagne de 1674. où avec vingt cinq mille hommes il battit en différentes rencontres plus de soixante-dix mille des ennemis, & acheva à la journée de Turkeim de les mettre tellement en désordre, que de ce grand nombre, vingt mille hommes à peine repasserent le Rhin.

Aux côtés du tombeau sont deux grandes figures de femmes, qui expriment la Sagesse & la Valeur; celle-ci est consternée, l'autre étonnée de la mort imprevûe de ce Héros. La première a divers symboles; un autel, des livres, & un vase d'où sortent quantité de pièces d'argent monnoyé. Ces figures de marbre ont été sculptées par les *Marsy*. Cette belle composition inventée par le fameux le Brun, occupe une arcade incrustée de marbre, & ornée d'une pyramide & de trophées attachés à deux grands palmiers de bronze.

Le Trésor renferme quantité de choses singulières & précieuses, dans la description desquelles je n'entrerai point: un petit livre imprimé en contient le détail. Le morceau le plus précieux de ce Trésor est un vase d'une seule Agathe Orientale, chargé dans son pourtour d'une très-grande quantité d'ornemens en bas-relief. On conjecture que toutes ces figures ne sont qu'un jeu de l'ouvrier, qui voulant orner un vase destiné à boire, y a rassemblé les attributs de Bacchus. Ce morceau très-recommandable pour sa forme, sa conservation, & son antiquité qu'on fait remonter à Ptolomée - Philadelphe, Roi d'Egypte, est gravé dans le livre du Père Montfauçon, & dans l'Histoire de l'Abbaye de Saint Denis par Don Felibien.

Le nouveau bâtiment des Pères Bénédictins qui n'est pas encore achevé, est du dessein de *de Cotte*. Son élevation, son étendue & la grandeur des salles & des dortoirs qui le composent, contribuent beaucoup à sa magnificence. La face du côté de la ville est ornée d'un grand fronton, sculpté par M. *Adam le cadet*, dont les figures ont neuf pieds de proportion. Il représente Saint Maur implorant le secours de Dieu pour la guérison d'un enfant mis à ses pieds par une mére affligée.

La balustrade & les rampes du grand escalier sont de très-beaux ouvrages de *Pierre Denis*. Au pied de cet escalier, remarquez une pierre de Liais qui a plus de onze pieds de diamétre, destinée à laver les mains des Religieux, dans le milieu de laquelle est un vase entouré d'enfans & de dauphins, le tout en plomb.

Le réfectoire est orné de deux grands tableaux cintrés, placés aux extrémités ; savoir, la Loi ancienne, & la Loi nouvelle : l'une figurée par celle qui fut donnée à Moyse sur le mont Sinaï ; & l'autre, par la Descente du Saint-Esprit sur les Apôtres. M. *Restout* connu par ses riches compositions, a fait paroître beaucoup de génie dans ces morceaux, qui ne démentent point la réputation que ses autres ouvrages lui ont acquise.

La chaire du Lecteur est d'une si grande délicatesse de travail, qu'elle ressemble à une découpure. C'est le Fréle Denis qui en a été l'artiste, ainsi que des autres ouvrages en fer placés en divers endroits de cette Abbaye.

MONTMORENCY

S'appelle aujourd'hui Enguyen. La maison de feu M. Crozat est dans une exposition très-avantageuse, & doit être mise au nombre des plus gracieuses maisons qui soient aux environs de Paris. M. *Cartaud* a donné le dessein du bâtiment qui est à deux étages, & ne forme qu'un corps de logis. De grands pilastres Corinthiens en réglent l'Architecture ; & une balustrade en fait le couronnement. Du côté de l'entrée se présente un vestibule, qui précéde un salon à l'Italienne percé dans la hauteur des deux étages, & couvert en dehors par une calotte. Sa décoration intérieure consiste en pilastres Corinthiens surmontés de Caryatides. *La Fosse* a peint dans la coupe, Phaëton qui demande à son père la conduite de son char. Au-dessus du vestibule est placée la Chapelle, très-bien décorée sur les desseins de *le Gros*, qui a sculpté à l'Autel une Gloire céleste.

[marginal note: Les heritiers de M. Crozat Du chatel, Mad. la D.ᵉ de Choiseul et m. le duc de Lausun ont loué ou preté à vie cette maison à Mad. la Marechale de Luxembourg]

Les jardins doivent leurs beautés à le Brun leur ancien maître, & à M. *Cartaud*. On trouve d'abord une terrasse soutenue d'un talus, au bas duquel sont deux pièces de parterre, & un bassin terminé par une autre terrasse du côté de la campagne. Sur le côté droit est un boulingrin en rampe, suivi d'un autre de forme ronde, dont un bassin occupe le centre. Vous voyez en face la serre de l'Orangerie dont le plan est circulaire : elle a été élevée par *Oppenord*, & est décorée de trois arcades à bandes avec des masques à la clef. Un Amour monté sur un lion fait l'amortissement de la principale arcade. Plus haut est un petit jardin fermé, servant d'Orangerie. On apperçoit à côté un trés-joli bâtiment entouré de portiques, & bâti par *le Brun* qui y a peint quelques morceaux. Ce bâtiment a vûe sur une grande pièce d'eau à pans : au-dessus & à côté sont différentes salles, & une grotte ornée de fontaines, & d'une rangée de nappes, formant une petite cascade, dont le réservoir est une pièce d'eau échancrée qui se trouve dans les hauts du jardin. En face de la maison, au-desfus de la cour, il y a une piéce d'eau octogone, dite de la laitière, entourée de quinconces.

MONTMO-
RENCY.

L'Eglise Paroissiale est grande & belle. Vous verrez au milieu de la nef le mausolée d'Anne de Montmorency, construit par les soins de la pieuse Madeleine de Savoye Tende, sa femme. C'est un corps d'Architecture isolé, aussi bien imaginé qu'exécuté. Le tombeau de forme circulaire est élevé d'environ cinq pieds sur une base, & incrusté de marbre tout autour : il est couvert d'une table de porphyre, sur laquelle sont couchées deux figures de grandeur naturelle, représentant la Connétable & son épouse, * l'un armé de toutes piéces avec les Ordres de Chevalerie de France & d'Angleterre, l'autre vêtue à la mode de son tems ; toutes deux de marbre blanc, & d'un beau travail. Dix colonnes de marbre d'Ordre Corinthien soutiennent une demi-coupole, qui fait le couronnement du mausolée. Deux qui sont isolées portent une partie de l'entablement, sur lequel on voit deux autres figures du Connétable & de sa fem-

* A. Duchêne a fait graver ces deux figures.

me, de bronze, à genoux & appuyées chacune sur un prié-Dieu. La hauteur de ce mausolée est de vingt pieds ou environ. L'Architecture & le dessein de cét ouvrage sculpté par *Barthelemi Prieur*, sont dûs à *Jean Bullant*, qui n'eut pas la satisfaction d'y mettre la dernière main.

ESCOUEN

Bâti par le Connétable Anne de Montmorency, appartient à M. le Prince de Condé. Il consiste en quatre corps de bâtimens formant un carré, aux angles duquel sont quatre pavillons plus élevés d'un étage que le reste de l'édifice, & dont un sert de Chapelle. Il est entouré de fossés secs, & précédé d'une grande esplanade, d'où l'on découvre quatre lieues de pays.

On voit au milieu de la façade du côté de Paris un corps avancé, orné en bas d'un péristile d'Ordre Dorique: celui qui est au-dessus est Ionique, & forme trois arcades; le troisiéme est un Attique couronné d'un campanille, aux angles duquel sont des Termes sortant de leurs gaînes. Sous la grande arcade de l'Attique est placée la figure en pierre du Connétable, ayant à la main une épée nue, & monté sur un cheval caparaçonné. Les croisées de cette façade sont aux armes de Montmorency surmontées de trophées. Il régne autour de ce Château une terrasse flanquée de bastions, avec des tourettes pour loger des sentinelles.

La cour est pavée de carreaux noirs & blancs, disposés de manière qu'ils dessinent la forme d'un labyrinthe. Elle est environnée de quatre portiques ; deux petits, ornés chacun de deux colonnes Doriques ; & deux plus grands, dont le premier est formé de grandes colonnes Corinthiennes, dont les chapiteaux sont travaillés avec beaucoup de délicatesse. Dans la frise de l'entablement, d'habiles Artistes ont sculpté des casques, des guirlandes de laurier, des épées en sautoir & des cuirasses. On voit dans des niches trois bustes & deux figures de marbre d'après l'Antique. Le quatriéme portique est décoré d'un avant-corps, composé des Ordres Dorique & Corinthien. Six figures de marbre en occupent les niches ; on y remarque un fort beau Mercure.

La Chapelle revêtue d'une ancienne menuiserie de piéces de rapport, où se voyent les figures des Apôtres d'après Raphaël, est estimée pour sa clarté & pour la beauté de son bâtiment. Le benitier est un vase de Jaspe d'Italie, soutenu par des pieds de biche de bronze antique, posés sur une petite colonne de marbre. On voit dans cette Chapelle une belle copie de la fameuse Cêne de *Léonard de Vinci*, & au-dessus de la porte la Femme Adultére, de *Jean Bellin*. La Sacristie renferme d'anciens tableaux en bois de rapport, & la Passion de Notre Seigneur en douze morceaux d'émail réunis dans un seul tableau, d'après Albert Durer. Le pavé de fayence expose quelques sujets des Actes des Apôtres, peints sur les desseins de Raphaël.

Les deux aîles de la cour sont occupées par deux galeries au premier étage : dans une on voit une table assez grande, dont le dessus est fait d'un seul sep de vigne; dans l'autre vous verrez sur les vîtres l'Histoire de Psyché, d'après Raphaël.

D'un parterre de gazon en face de ce Château, vous gagnez l'allée Princesse. Delà par des allées tournantes d'un bois de fort beaux châtaigniers, vous descendez à la fontaine-Madame, où deux sources se rendent dans un petit canal placé sur la hauteur de la montagne.

NOINTEL.

Ce Château distant de huit lieues de Paris, & d'une demi-lieue de la petite ville de Beaumont, appartient à M. Bergeret, Fermier Général. Le Parc qui a cent arpens, offre aux yeux une scène des plus riantes & des plus variées. Une grande avant-cour, suivie d'un belle cour, conduit au Château qui est fort régulier : la droite est occupée par l'Orangerie, dont l'emplacement est de forme circulaire, & par les potagers divisés en sept jardins, avec chacun une fontaine : le plus grand est pour les légumes, & il y en a un pour le verger.

Vous découvrez en face du Château un parterre avec un bassin, & sept pièces de gazon comparties à l'Angloise, suivies d'un octogone qu'on a pratiqué dans le milieu d'un pré. Ce pré coupé de huit allées, forme une étoile qui aboutit au grand bassin, dont le jet s'élève à 120 pieds, & est de la même grosseur que celui de Saint-Cloud qu'il surpasse de trente pieds.

NOINTEL.

Les environs du Château sont ornés de plusieurs bosquets fort agréables. Ceux de la gauche sont : une grande salle circulaire, décorée de boules d'ormes, & de portiques avec un bassin ; une autre carrée avec son jet ; & deux où l'on a ménagé des fontaines. A droite on peut voir une petite salle, dont un bassin & des boules font tout l'ornement. A côté est une piéce d'eau, avec un parterre de gazon, terminé par un escalier & un théâtre de verdure.

Les jardins hauts sont plantés en bois, partagés en étoiles. Le principal escalier qui y conduit, est coupé de plusieurs paliers, dont plusieurs sont agréablement interrompus par des bassins servant de réservoirs. Sur la gauche il y a un bosquet orné de figures & d'arbres taillés en boule ; & au-dessus un quinconce terminé par une piéce d'eau d'où s'éleve un beau jet.

Au haut du grand escalier, on trouve à gauche un bassin qui fait jouer plusieurs fontaines. Une belle allée conduit delà dans les parties les plus élevées du Parc ; on y voit le grand réservoir appellé le Mississipi, où se jettent trois grosses sources. Ce beau moreeau qui a 100 toiſes de long ſur 30 de large, eſt ſoutenu de terraſſes, & boiſé de deux côtés. Il fournit vingt fontaines, qui pour la hauteur & la groſſeur n'ont guére leurs pareilles que dans les Maiſons Royales.

CHANTILLY

Situé à neuf lieues de Paris ſur la route de Picardie, & appartenant à M. le Prince de Condé, réunit tout ce que la Nature & l'Art peuvent produire d'agréable pour former un des plus beaux lieux du monde. L'Art y eſt même tellement caché, que les aimables aſpects qu'il préſente de tous côtés, paroiſſent n'être dûs qu'à la Nature, qui y étale de toutes parts un ſpectacle varié, également nouveau & toujours charmant. Les plaines, les bois & les côteaux que renferme le Parc, y offrent les plus agréables payſages du monde. Du côté où le terrein s'éleve, paroiſſent comme dans un valon des canaux & des prairies qui les bordent. Les caſcades, les parterres, les îles & les boſquets, forment enſemble la vûe la plus delicieuſe qui puiſſe s'offrir à l'imagination.

CHANTILLY. La forêt de Chantilly contient sept mille six cens arpens. Au milieu est une grande place ronde, nommée *la table*, qui peut servir à des haltes de chasse, faisant le centre d'une étoile d'où partent douze allées à perte de vûe, toutes de près d'une lieue de longueur. Elle fait un des plus beaux points de vûe qu'on puisse imaginer; & c'est, dit-on, l'ouvrage du Connétable de Montmorency, ainsi que la principale avenue qui fait face au Château, & qui s'appelle la route du Connétable. On trouve au bout une grande demi-lune, de laquelle on entre dans une avant-cour. Le fer à cheval se présente ensuite; & on monte sur une terrasse, au milieu de laquelle est une statue équestre en bronze du dernier Connétable de Montmorency. Ce Seigneur y est représenté armé à l'antique, l'épée nue à la main; son casque à terre soutient un des pieds de son cheval.

LE GRAND CHATEAU

est fort ancien, & flanqué de tours surmontées de lanternes ornées de pilastres. La porte est décorée de trophées, avec les armes du Roi soutenues par

deux Anges dans le fronton : ces trophées remplissent les quatre panneaux,
& il y en a pareillement sur les acro-
tères.

La cour presque triangulaire, est
entourée de bâtimens embellis de Sculptures & de colonnes. Le grand escalier a son entrée par trois arcades décorées de colonnes Corinthiennes &
d'un fronton brisé : on y voit un cadran que soutiennent deux Génies, &
qu'accompagnent les figures d'Iris &
du Tems. Ce côté est neuf, & élevé par
Mansard. Au milieu de cet escalier,
à l'endroit où les deux rampes se réunissent, est placée une belle figure pédestre du grand Condé, entouré d'attributs qui rappellent ses belles actions.
Elle est de la main de *Coyzevox*.

On trouve à droite la salle des Gardes, ornée de trois tableaux de chasse, peints par M. *Oudry* : ils représentent un loup aux abois, un chevreuil lancé par des chiens, & un renard qui se défend contre ces animaux.
Suit la salle à manger, l'antichám-
bre, la chambre à coucher du Roi, son
cabinet orné de six glaces placées dans
des lambris dorés, & deux autres cabinets. Une pièce ronde pratiquée dans

une des tours, annonce la salle de compagnie faite en galerie. On y voit deux beaux cabinets en portique, dont les colonnes sont de marbre de jaspe fleuri, surmontées de dômes ; & les panneaux sont de pierres de Florence. Il y a de plus un cabinet rond, peint dans le goût de la Chine, qui se trouve dans une tour.

Au bout de la salle de compagnie est l'antichambre de la Reine, sa chambre à coucher décorée de Sculptures peintes en blanc, & son cabinet orné de glaces.

De la chambre de la Reine on va par un corridor à la tribune de la Chapelle, dont les panneaux de Sculpture sont surmontés de pilastres Corinthiens.

Au raiz de chauffée, on monte par un petit escalier de bois dans le salon du Prince. Il est antique, doré & peint de couleur de marbre verd, avec des colonnes. A droite est un autre salon carré & doré, dont les panneaux sont verds dans le goût Chinois sur un fond jonquille.

A gauche est placé l'appartement de feue Mᵉ. la Duchesse, lequel est composé d'un cabinet pavé de marbre comparti, d'une chambre à coucher, & d'une antichambre. Dans la première des salles à manger, on voit un très-grand plan de Chantilly & de ses environs, dressé par N. de la Vigne, Ingénieur du Roi, & de feu M. le Duc.

Il ne faut pas négliger d'entrer dans les souterrains qui régnent autour du Château, au raiz de chaussée du fossé : on peut dire que leurs voûtes sont un chef-d'œuvre de l'Art.

Le petit Chateau

contigu au grand par un pont-levis, est orné en dehors de pilastres Corinthiens : il a moins d'extérieur, mais les dedans en sont bien plus beaux. Le logement du raiz de chaussée est à fleur d'eau du grand fossé, & est peu remarquable. Le premier étage se trouve de plein pied à la cour du grand Château : il est composé de cinq pièces dont les lambris sont tout dorés.

Au bout de cet appartement est une galerie percée de cinq croisées, & ornée de dix tableaux qui exposent quelques-unes de nos Conquêtes sous Louis XIII. & Louis XIV. en commençant par le siége d'Arras en 1640. L'action principale de la Campagne occupe le milieu de chaque tableau; & les accessoires sont peints en petit dans des cartouches qui l'environnent. Toutes ces peintures sont de *le Comte*, d'après Van der-Meulen.

Dans le plus grand des cinq tableaux placés entre les fenêtres, *Michel Corneille* a employé la plus fine allégorie que l'esprit humain puisse produire. Le grand Condé foule aux pieds les conquêtes & les expéditions qu'ils a faites à la tête des troupes Espagnoles; elles sont écrites sur des listels qui portent: Saint Guillain pris, Cambrai secouru 1651, retraite d'Arras 1651, combats de Bleneau & de Saint-Antoine 1652, Rethel, Ste Menehoud, Château-Porcien & Bar pris en l'année 1652, Rocroi pris en 1653. Le Héros impose d'une main silence à un Ange prêt à publier ses conquêtes de Valenciennes & de Condé, (1656.) & ordonne de l'autre à la Renommée d'anoncer son repentir. Au bas du tableau, l'Histoire foule aux pieds l'Erreur, & déchire à regret plusieurs feuillets de la vie de ce Prince. Cette composition est dûe à l'imagination vive & brillante du feu Prince de Condé, (Henri-Jule.)

La galerie est terminée par un joli cabinet, & par les deux piéces qui renferment celui d'Histoire Naturelle. Dans la premiere est le Droguier; & dans la seconde sont les Animaux, & les Coquilles rangées dans un bureau.

Outre les deux Châteaux que nous venons d'examiner, il y en a encore un troisiéme destiné aux logemens des Seigneurs. Il se nomme Buquan, & forme un carré avec l'Orangerie. On y peut voir une salle d'armes, qui renferme, à ce qu'on prétend, les armures de la Pucelle d'Orléans, du Connétable de Montmorency, du grand Condé, & autres.

Les Ecuries

situées sur la pelouse de Chantilly, composent un corps d'Architecture des plus grands & des plus magnifiques. A chaque extrémité est un pavillon, dont l'entablement est couronné d'une balustrade de pierre, qui tourne autour du bâtiment. Ces pavillons ont trois arcades : dans celles du milieu sont des portes, avec des amortissemens qui soutiennent trois figures de chevaux à mi-corps.

Le principal pavillon saille, &

dans ſes pans coupés une arcade, au milieu de laquelle eſt un avant-corps orné de refends où eſt la grande porte. Aux côtés d'une riche agraffe ſont deux conſoles portant une corniche, avec un amortiſſement juſqu'à la naiſsance du cintre de l'arcade, qui a dans ſon renfoncement trois chevaux en pied de demi-boſſe. Les côtés de l'arcade ſont ornés de quatre pilaſtres Ioniques qui ſupportent deux grouppes de lions. La corniche forme un fronton circulaire, ſur le cintre duquel deux Anges tiennent les armes du Prince. Le comble eſt ſurmonté d'une terraſſe où eſt placée une Renommée en plomb.

Cette grande porte donne entrée ſous le dôme; & vous appercevez en face une arcade décorée d'une fontaine, qui ſe répand par un maſque dans deux coquilles, dont l'eau eſt reçue en une grande cuvette, où ſont deux chevaux de plomb de grandeur naturelle. L'un ſemble boire, & a près de lui un enfant qui embouche une conque marine, l'autre boit dans une conque marine que tient un autre enfant. Le fond de l'arcade eſt garni de glaçons & de deux palmiers, avec des enfans dans le haut tenant un cartel, où l'on lit que Louis Henri de Bourbon a achevé en 1735. ces bâtimens qu'il avoit commencés en 1719.

Les deux aîles des écuries séparées par le dôme, contiennent de chaque rang 60 chevaux; ce qui fait 120 pour chaque côté, & pour les deux aîles 240. Les murs sont percés de douze croisées de face : chaque bout est terminé par une portion circulaire fermée en cul-de-four, au-dessous de la voûte, avec deux chasses, l'une au loup, l'autre au sanglier.

Le manége découvert qui est fort beau, fait face au Château. Sa façade décrit sur la pelouse une portion circulaire, & a trois grandes arcades avec des colonnes Ioniques. Elles portent un entablement surmonté d'une balustrade en guilochis, sur l'appui de laquelle est élevé un trophée avec le chiffre de S. A. S. accompagné d'armes & de guirlandes de fleurs, & terminé par deux chevaux. Les clefs des arcades sont ornées d'animaux & de trophées de chasse.

Cette façade doit avoir un gros pavillon à droite pareil à celui des écuries; il est commencé, & l'arcade du milieu sert d'entrée au bourg de Chantilly.

Le dedans du manége est un rond de vingt toises de diamétre, terminé par la cour des remises qui communique à celle des chenils. La boulangerie est à droite; & au-dessus est le logement des Gentils-hommes, Ecuyers & autres Officiers des écuries & des chenils.

La face de cette cour, du côté du réservoir, est composée d'un pareil bâtiment, qui renferme d'un côté le grand chenil d'été de l'équipage du cerf, orné d'une fontaine, avec une tête de cerf qui jette de l'eau dans une cuvette pour abreuver les chiens. De l'autre côté sont deux autres chenils, dont l'un sert l'hiver à l'équipage du cerf: on y voit une fontaine avec un chien; le second est destiné à l'équipage du sanglier: il y a pareillement une cuvette, dans laquelle une hure de sanglier jette de l'eau.

Le pavillon des écuries & celui des chenils terminent ces bâtimens du côté du réservoir. La porte est décorée de deux pilastres carrés, dont les bandes sont chargées de trophées & surmontées d'un fronton, dans lequel est une chasse au sanglier. Sur la rampe, à l'aplomb des pilastres, sont deux figures, dont l'une représente Diane, & l'autre Cyparisse qui pare son cerf de guirlandes de fleurs. C'est *Aubert*, Architecte & Contrôleur des bâtimens du Roi & de M. le Duc de Bourbon, qui a donné les desseins de ce bel édifice.

Le Parc.

De la terrasse où se voit la figure du Connétable, on descend par un magnifique escalier dans les jardins, une des plus belles productions du génie de *le Nostre*. Le présent que la nature leur a fait d'une rivière qui les partage, & forme dans sa naissance une superbe cascade, est une faveur inestimable, par l'agrément des eaux jaillissantes qu'elle leur fournit nuit & jour.

On apperçoit d'abord la fontaine de la gerbe, & un bras du grand canal. Sur les côtés est le parterre orné de dix bassins, dont ceux des milieux sont en piéce longue, & deux grands prés entourés d'un double fossé.

La terrasse est décorée de six colonnes Toscanes accouplées & isolées, avec deux figures dans des niches, du pied desquelles sortent trois nappes, qui retombant dans un petit bassin, se réunissent en une dans le fossé régnant le long du mur, & où sont trois jets. Le mur qui soutient la rampe de l'escalier, est percé de niches rocaillées, & occupées par deux figures de Fleuves. L'eau de leurs urnes retombe en nappe, ainsi que celle que jettent les enfans qui les accompagnent. Il y a de plus une troisième nappe au milieu, qui sort de dessous des rochers.

L'ORANGERIE

placée sur la gauche, est un fort beau morceau d'Architecture : son parterre a cinq jets jouant jour & nuit. L'escalier qui y descend, est accompagné de deux fontaines en buffets, d'un mascaron faisant nappe, & de quatre dauphins. Le long de la serre est un autre buffet avec un dauphin, deux masques, & deux petits chevaux marins montés par des enfans. L'eau des deux premiers buffets tombe dans un petit canal où elle fait jouer trois chapeaux; & à la tête est un loup marin. Au-dessus est une petite fontaine, formée par six grenouilles & un champignon.

La galerie des cerfs fait l'équerre avec la serre de l'Orangerie. Elle est ouverte en arcades sur le parterre, & ornée

ornée de cerfs qui portent au cou des guirlandes de feuilles de chêne. Il régne tout du long un petit fossé fourni par une source, où les habitans de Chantilly viennent puiser de l'eau. A un des bouts de cette galerie on trouve le pavillon des étuves : deux salons occupent l'autre bout ; dans l'un est le billard, & dans l'autre un jeu de galet.

Un petit canal sépare l'Orangerie des bosquets, où trois portiques de treillage conduisent : la roue de Fortune, l'Escarpolette & la Bascule sont les jeux qui s'y présentent. A la tête de l'île, dite du bois verd, sont huit chandeliers & une double nappe. Le milieu de ce bosquet est occupé par une belle décoration de treillage, avec des vases sur les pilastres, un portique pour la perspective qui fait face au pavillon des étuves, & un bassin orné de son jet.

L'Isle d'Amour.

On y trouve une jolie salle décorée de deux portiques, dans l'un desquels est un bassin cintré, avec deux dragons dont les jets se combattent. En face est un appartement verd, composé de trois petites salles de treillage; & sur les côtés sont les jeux de Boule, de l'Anneau-tournant, & les Castagnettes. On voit encore dans cette île un beau jet, qui s'éleve du milieu d'un portique de treillage d'un fort bon goût.

Au sortir de ces lieux enchantés, vous gagnez la partie gauche du Château vers la galerie des cerfs, & vous trouvez dans le haut,

Les cascades de Beauvais.

On y monte par quatre rampes ornées de figures de marbre dans leurs extrémités. Ces cascades sont formées de cinq mascarons tombant par deux coquilles dans un bassin long où il y a neuf jets. Le tout est rocaillé; & sous chacun des pilastres est un chandelier d'eau. Au-dessus est une rigole qui en a sept, & une pièce d'eau cintrée à oreilles avec trois jets.

Les potagers sont peu éloignés; & au-dessous dans un parterre de gazon se voit un bassin carré long, d'où s'éleve une gerbe qu'accompagnent quatre jets, & quatre autres dardans qui sortent des angles.

Une allée double de Picéas plantés entre ce parterre & les cascades de Beauvais conduit à

LA FONTAINE DE LA TENAILLE.

C'est une gerbe qui sort d'une coupe portée sur un gros piédestal, d'où elle retombe par quatre masques. Plusieurs jets s'élancent du pourtour de la rampe de gazon qui environne cette fontaine.

LA FAISANDERIE

est près delà, & consiste en un corps de logis, & deux pavillons, qu'embellissent trois petits jardins en terrasse, avec quatre fontaines.

Plus loin on trouve, en suivant un petit canal,

LA GRANDE CASCADE

divisée, pour ainsi dire, en deux parties. La première est à sa tête de forme circulaire, avec quatre gradins de gazon & sept chandeliers. Au-dessous on voit un bassin qui suit cette même forme, & qui a dans son milieu un rocher, d'où sort une gerbe entourée d'un cordon de huit jets, laquelle fait quatre nappes garnies de quinze jets. Huit chandeliers fournissent dans un bassin plus bas dix masques placés au haut de petits pilastres à bandes de glaçons, entre-mêlés de parties cintrées & rocaillées, qui forment six buffets, que fait jouer un masque avec deux dragons soutenus sur des enroulemens. Ce bassin a de plus treize jets qui suivent sa forme. Cette première partie de la grande cascade est terminée par un bassin octogone garni de cinq jets, & placé sur un grand palier où aboutissent six allées. La seconde partie commence par deux escaliers tournans, terminés par quatre chandeliers, & ayant entre-deux quatre jets qui retombent par deux nappes dans un bassin, dont les panneaux des murs sont rocaillés, & d'où s'élevent six jets. Cette eau forme une autre nappe dans un bassin garni de quatre jets, & sur les côtés de deux mascarons qui fournissent deux rampes d'escalier bordées de cinq chandeliers, & interrompues par quatre paliers avec un jet : au milieu sont cinq nappes, tombant dans autant de bassins garnis alternativement de soleils & de quatre jets. Toutes ces eaux se réunissent dans une piéce où il y a six jets, puis dans une autre où il y en a quatre avec un soleil, & en fin dans un bassin cintré, avec deux petits carrés qui l'accompagnent.

On voit dans le dernier bosquet de ce côté-là une figure pédestre en pierre du grand Condé, & une piéce d'eau carrée avec un jet, qui s'éleve à soixante pieds, & qu'on nomme le grand jet.

LE PAVILLON DE MANSE est au bout, & renferme la pompe qui fournit le réservoir des eaux hautes du Château, que la rivière ne peut pas faire jouer. A l'extrémité du petit canal qui fait aller cette pompe, vous trouvez le pavillon des eaux, où est une source minérale tombant en un bouillon de deux pouces, entouré de huit jets dardans, dans un petit bassin octogone d'une seule pierre. Au-dessus il y a un canal d'eau de source, & sur la gauche un petit bois.

Du côté opposé, & sur la droite du Château, on monte par une rampe de fer au réservoir des sources : neuf soupapes portent aux jets du parterre & de l'Orangerie l'eau de la rivière de Senlis qu'une voûte y a amenée.

CHANTILLY.

LE CANAL DES TRUITES

est dans ce bois, le long de la grande allée. Il est ainsi appellé d'une très-belle source qui le fournit, & dont l'eau, pour la fraîcheur & la transparence, ne peut mieux se comparer qu'à la fontaine du Ris, ornement des jardins* d'Armide. Ce Canal est terminé par une cascade formée d'un bouillon qui fait aller cinq nappes, qu'accompagnent six jets sortant des rocailles.

* Jer. del. ch. xv.

LE GRAND CANAL.

On va ensuite vers la grande chûte d'eau qui est circulaire, & a trois nappes qui moutonnent ; elle a quinze pieds par le haut, & s'élargit vers le bas jusqu'à trente. Placée à la tête du grand canal, aussi remarquable par son étendue que par les belles allées qui le bordent, elle tombe d'abord dans une piéce d'eau à pans de cinq à six arpens. Un bras de la rivière de Senlis qui la forme, passe auparavant dans un bassin de quarante toises de diamétre. La vaste prairie qu'arrose la rivière, offre la nature toute simple, & sans autre ornement que des bestiaux dont elle est toujours couverte.

En se rapprochant du Château on trouve

L'ETANG DE SILVIE,

dont l'extrémité conduit à la fontaine de ce nom entourée de balustrades de pierre. Son eau est des plus limpides. La maison & le jardin de Silvie sont attenant : c'est un petit bâtiment d'un seul étage à raiz de chaussée, avec un parterre orné d'Orangers, & un bosquet au bout fermé de murs. Ce lieu a, dit-on, reçu ce nom du Poëte Théophile qui étoit attaché à Mrs. de Montmorency ; il l'a habité longtems, & c'est là qu'il a célébré dans ses vers une beauté de son tems, qu'on n'a jamais connue que par le nom de Silvie.

A côté est le jeu d'Oie pratiqué dans un nouveau bosquet, avec des pierres qui marquent les numero, & d'espace en espace des figures d'oies montées sur des piédestaux.

On trouve plus loin un fort beau jeu de Mail, & un petit labyrinthe orné de figures. Au-dessus est le jeu de l'Arquebuse formé d'une croix de gazon, avec des allées de Picéas terminées par des portiques de maçonnerie.

LA MÉNAGERIE

placée de l'autre côté du grand canal, a sa principale porte sur une de ces allées. La première cour est en rampe, & ornée de cinq pavillons : on trouve d'abord sur la droite le bassin des Castors. Dans la première cour est une grande piéce plantée d'arbres, avec un bassin dans le haut qui fait plusieurs nappes jusqu'en bas. On y voit la fable du Pot de terre & du Pot de fer. Les peintures du grand salon représentent l'Histoire d'Isis. Plusieurs pavillons servent à renfermer divers animaux rares venant des pays étrangers, tels que l'oiseau royal, deux aigles, des biches toutes blanches, un belier d'Angola, un chien-loup, &c. Toutes les cours de ces pavillons ont chacune une fontaine rocaillée, avec des animaux peints de couleur naturelle.

Au bas de la Ménagerie se présente un petit canal coupé de treillages, pour élever des canards étrangers. Un peu sur la droite est un grand bassin, dont le milieu est pavé & orné d'une colonne de Granit posée sur un piédestal. La fontaine de Narcisse est à côté : ce Berger se mire, & tend les bras avec transport pour embrasser sa figure qu'il voit dans l'eau.

LA LAITERIE

offre d'abord une petite salle avec un long bassin de marbre, d'où sort un bouillon d'un pied de circonférence, fourni par une source qui fait jouer huit bouillons dans un bassin renfoncé & entouré de très-beaux arbres. Le salon de la Laiterie dont le pavé est comparti de marbre, est rond, voûté & construit d'une fort belle pierre blanche. Il régne tout autour à hauteur d'appui un buffet de bréche violette, sur lequel sont rangés quantité de vases & de fayences aux armes de S. A. S. On a creusé dans ce marbre une rigole, dont l'eau est fournie par quatre têtes de beliers, après avoir passé auparavant par plusieurs vases & cuvettes.

LA PAROISSE bâtie à la morderne, est fort éclairée, & d'une bonne Architecture en pilastres Corinthiens. On voit au maître Autel une Adoration des Bergers, peinte par *Houasse*.

LIANCOURT.

LIANCOURT. Sa situation à la chûte de plusieurs montagnes est extrêmement favorable aux eaux qui s'y rendent de toutes parts en grande abondance. En face de la grille du Château se présente dans la campagne le canal du mail, de 180 toises de long, terminé en piéce d'eau dont la superficie fait jouer une nappe : il provient de la petite rivière de Béronelle, & sert de réservoir à la plûpart des bassins du jardin. Sa plus grande beauté est d'être entouré d'un double rang de palissades percées en arcades d'environ quinze pieds, formées de tilleuls, dont la tige paroît à huit pieds de hauteur.

La cour est séparée de l'avant-cour par un fossé, dont la cuvette est remplie d'eau, avec quatre bouillons aux angles. A gauche s'éleve un grand corps de logis soutenu par sept arcades. Pour ménager la vûe de cette aîle, on n'en a point construit vis-à-vis. Au fond de la cour sont deux pavillons, dont la principale face est sur le grand parterre; & aux quatre coins du Château il y a autant de pavillons carrés, qui comme des sentinelles, gardent chacun leur poste.

Sur le côté droit on descend dans les jardins, par deux rampes ornées de balustrades de pierre, ainsi que la terrasse du Château. Un parterre de gazon, où est la fontaine de la Perruque, est à la tête d'une cascade relevée sur les côtés de seize chandeliers tombant en pyramide. Suit un parterre d'eau formé de deux piéces fort longues, avec chacune une grosse gerbe qui va jour & nuit. Ce parterre soutenu de quatre jolis quinconces, aboutit à une grande piéce de pré de 100 arpens, qu'entoure un double rang de canaux & de peupliers venant de Flandre où on les nomme *Grisards*. Il y avoit auparavant de très-beaux ormes : Louis XIV. se promenant ici en 1698. avec le Duc de Liancourt, les admira, & parut les souhaiter pour son artillerie. Le Duc les fit couper, & les envoya au Roi qui lui fit venir à la place ces peupliers.

Il ne faut pas oublier de dire que les rivières de Breche & de Béronelle fournissent ces canaux : celle-ci est une grosse source du côté de Fitz-james, qui a été conduite de main d'homme

LIANCOURT. à Liancourt. Ses jardins étoient autrefois embellis de jolis bosquets, & d'eaux qui jouoient naturellement nuit & jour. Feu M. le Duc de la Rochefoucault qui les a trouvées trop petites, les a fait détruire, & abbattre les bois qui commençoient à se couronner. M. *de Villars* Architecte fait exécuter à leur place un plant neuf.

En face du Château, du côté des jardins, il y aura un canal terminé en poële, dans le goût de celui qui est en dehors, & précédé d'un bassin de 80 toises de diamétre, avec une belle gerbe. L'eau de ce bassin formera une chûte d'un côté, & de l'autre, une nappe de seize toises de large, & fera jouer ensuite un rocher à la tête d'une piéce de forme irréguliére placée sur la droite. Plusieurs autres bassins seront répandus dans les bosquets, & le cours de la plûpart de ces eaux ne sera point interrompu.

Toutes ces nouveautés n'ont pû encore faire oublier le bosquet des vingt-cinq fontaines, les quatre jets de la Syréne avec ses nappes, & le bosquet des dix sept fontaines.

COMPIEGNE

Est une maison Royale, où S. M. va prendre le plaisir de la chasse dans le mois de Juillet. L'entrée de ce Château est gothique, & se trouve presqu'en face de la grande rue où sont les Hôtels des Ministres. Ses quatre cours sont entourées de bâtimens peu réguliers, dont une partie est neuve, & l'autre ancienne, qui doit être changée.

Dans la première cour est le grand escalier, qui conduit à droite dans la salle des Gardes, éclairée par huit croisées, & magnifique par sa grandeur. Suit la salle à manger au grand couvert, décorée d'un très-grand tableau de *Mignard* : Neptune y paroît entouré des Divinités de la mer, offrant ses richesses à la France.

L'appartement de la Reine est à droite, composé d'une antichambre ornée de trois dessus de porte de fruits & de fleurs, d'une belle chambre à coucher, de deux autres piéces & de plusieurs petits cabinets, dont un boisé pour les bains.

La même salle à manger conduit à gauche à l'appartement du Roi. Dans l'antichambre sont trois dessus de porte, peints par *Desportes*. La chambre à coucher de Sa Majesté en offre deux autres, où ce Peintre a peint des chiens en arrêt. La salle du Conseil est décorée de trois dessus de porte du même, & de deux paniers de fleurs peints en ovale sur les glaces. On passe ensuite dans les petits appartemens où sont les bains, une Garde-robe & deux autres piéces.

La chambre du Conseil donne aussi entrée dans le cabinet du Roi, que M. *Oudry* a décoré de cinq dessus de porte.

La salle à manger au petit couvert renferme deux grands plans peints à l'huile de la forêt de Compiegne, & quatre dessus de porte où se voient des chiens.

L'appartement de M. le Dauphin & de Me. la Dauphine, composé de trois grandes piéces, est au bout de l'appartement du Roi; & celui de Mesdames est à gauche du grand escalier. Tous sont fort ornés de glaces, sans aucune dorure, & les menuiseries sont entièrement peintes en blanc.

Les appartemens du Roi & de la Reine régnent sur une terrasse irrégulière qui servoit de rampart à la ville. Le long de cette terrasse, la Reine a une petite Orangerie & quelques cabinets de verdure.

Du côté du Roi sont quatre rangs de tilleuls coupés par dessus à l'Italienne, terminés par une large allée destinée à la promenade publique : elle va jusqu'aux bords de la rivière d'Oise qui reçoit plus haut celle de Henne.

A côté est le jeu de Paume, & le potager qui est fort petit, ainsi qu'un bosquet de deux cabinets de treillage faits en dôme.

Le long de la rivière on trouve le Cours, où plusieurs allées d'arbres forment une promenade très-agréable pour le public. Au bout est une salle de Comédie, dans laquelle différentes troupes de Comédiens jouent durant le séjour que la Cour fait à Compiegne.

La grande écurie est à un des bouts de la ville, & peut contenir 356 chevaux. Celle de la Reine est le long de la terrasse du Château, à côté de l'allée publique.

On voit chez LES CARMELITES un tombeau de marbre, dont les ornemens sont de bronze, ainsi que deux Génies qui tiennent le cœur du Comte de Toulouse.

F I N.

TABLE DES DESCRIPTIONS

Contenues dans les quatre Parties de cet Ouvrage.

PREMIERE PARTIE.

Les Ternes,	pag. 2
Neuilly,	4
Asnieres,	7
Passy,	8
La Maison de M. de Valentinois,	11
Madrid,	12
La Meute,	13
Issy,	15
Venvres,	17
Meudon,	20
Bellevue,	26
Saint Cloud,	33
La galerie d'Apollon,	36
La grande Cascade,	45
Versailles,	46
Les Ecuries,	47
La Chapelle,	48
Le Salon d'Hercule,	53
Salle de l'Abondance,	55

TABLE.

Salle de Vénus,	pag. 55
Salle du Billard,	56
Salle de Mars,	57
Salle de Mercure,	59
Salle du Trône,	61
Salon de la Guerre,	Ibid
La grande Galerie,	63
Salon de la Paix,	72
Appartement de la Reine,	74
Appartement du Roi,	78
Les petits Appartemens,	81
Appartemens de M. & de Me. la Dau-phine,	83
Le petit Parc,	84
Le parterre d'Eau,	87
Bassin de Latone,	88
Bassin d'Apollon,	92
Le grand Canal,	93
La Colonnade,	94
La Salle des Marroniers,	95
La Fontaine de Bacchus,	96
L'Isle Royale,	Ibid
La Girandole,	97
La Fontaine de Saturne,	Ibid
Le Labyrinthe,	98
La Salle du Bal,	Ibid
Le Bosquet d'Encelade,	99
Les Dômes,	100
La Fontaine de Flore,	101
Le Bosquet de l'Obélisque,	Ibid

TABLE.

Bosquet de l'Etoile, pag.	102
La Fontaine de Cérès,	Ibid
Le Bosquet Dauphin,	103
Les Bains d'Apollon,	105
Petit Bosquet,	106
Le Théâtre d'Eau,	107
Le Bassin de Neptune,	Ibid
La Fontaine du Dragon,	109
Les trois Fontaines,	Ibid
L'Arc de Triomphe,	110
L'Allée d'Eau,	111
La Fontaine de la Pyramide,	112
Parterre du Nord,	113
Parterre des Fleurs,	114
L'Orangerie,	115
La Piéce des Suisses,	117
Le Potager,	Ibid
LA VILLE DE VERSAILLES,	118
Les Recollets,	Ibid
Saint Louis,	119
Notre-Dame,	120
LA MÉNAGERIE,	121
SAINT CYR,	124
TRIANON,	125
Le Buffet d'Architecture,	130
MARLY,	134
Le grand Salon,	136
La Piéce des Vents,	138
Bosquet de Marly,	140
Le Bosquet des Sénateurs,	141

Le Bosquet de Louvecienne,	pag. 142
La Salle des Muses,	143
Les Bains d'Agrippine,	Ibid
La Cascade Rustique,	144
Le Théâtre,	Ibid
CLAGNY,	148
JOUY,	153
PONTCHARTRAIN,	154
SAINT GERMAIN,	156
L'Hôtel de Noailles,	163
MAISONS,	164
DAMPIERRE,	170
RAMBOUILLET,	174
ANET,	176

SECONDE PARTIE.

BICESTRE,	183
ARCUEIL,	185
SCEAUX,	Ibid
La grande Cascade,	193
BERNY,	195
VILLEGINIS,	197
CHILLY,	198
CHEMIN DE JUVISY,	201
VILLEROY,	203
BEAUREPAIRE,	205
COURRANCE,	206

TABLE.

Fleury-d'Argouges,	pag. 208
Vaux-le-Villars,	209
Fontainebleau,	215
La Chapelle de la Sainte Trinité,	219
La Galerie de François I.	223
L'Appartement du Roi,	228
L'Appartement de la Reine,	233
L'Appartement de Mesdames,	236
Les Jardins,	240
L'Eglise de Saint Louis,	243
Saint-Ange,	Ibid

TROISIEME PARTIE.

Vincennes,	247
Les Minimes,	252
Bagnolet,	253
Saint Maur,	256
Plaisance,	259
Gagny,	261
Gournay,	264
Champs,	266
Villefrit,	269
Bois-le-Vicomte,	271
Choisy,	273
Orly,	277
Villeneuve-le-Roi,	279
Mongeron,	281

TABLE.

Crône,	pag. 285
Draveil,	286
Brunoy,	288
La Maison de M. Thomas,	291
Grosbois,	293
Hyeres,	295
Arminvilliers,	296
Le Rincy,	298
Guermande,	302
Fresnes,	303
Sain-Port,	304
La Maison de M. Bouret.	305

QUATRIEME PARTIE.

L'Abbaye Saint Denis,	308
Montmorency,	317
L'Eglise Paroissiale,	319
Escouen,	320
Nointel,	323
Chantilly,	325
Le grand Château,	326
Le petit Château,	329
Les Ecuries,	331
Le Parc,	335
L'Orangerie,	336
L'Isle d'Amour,	337
Les Cascades de Beauvais,	338

TABLE.

	356
La Fontaine de la Tenaille, pag.	339
La Faisanderie,	Ibid
La grande Cascade,	Ibid
Le pavillon de Manse,	341
Le Canal des Truites,	342
Le grand Canal,	Ibid
L'étang de Silvie,	343
La Ménagerie,	344
La Laiterie,	345
La Paroisse,	Ibid
LIANCOURT,	346
COMPIEGNE,	349

Fin de la Table.

FAUTES A CORRIGER.

PAGE 99. lig. 9. Papyrus, *lisez* Papyrius.

109. lig. 29. croisées, *lisez* croisés.

119. lig. 21. la Présentation de N. S. *lisez* la Présentation de la Sainte Vierge.

247. lig. 2. Couchant, *lisez* Levant.

279 lig. 3. M. le Président de Ségur, *lisez* M. de Ségur Prévôt de Paris.

APPROBATION.

APPROBATION.

J'AI lû par ordre de Monseigneur le Chancelier, un Manuscrit intitulé, *Voyage Pittoresque des Environs de Paris*, où je n'ai rien trouvé qui puisse en empêcher l'impression. Fait à Paris le 10 Janvier 1754.

LAVIROTTE.

PRIVILEGE.

LOUIS PAR LA GRACE DE DIEU, ROI de France & de Navarre; A nos amés & féaux Conseillers, les Gens tenans nos Cours de Parlement, Maîtres des Requêtes ordinaires de notre Hôtel, Grand-Conseil, Prévôt de Paris, Baillifs, Sénéchaux, leurs Lieutenans Civils, & autres nos Justiciers qu'il appartiendra : SALUT. Notre amé le sieur JEAN DE BURE l'aîné, Libraire à Paris, ancien Adjoint de sa Communauté, Nous a fait exposer qu'il désireroit faire imprimer & donner au Public les Ouvrages, qui ont pour titre : *l'Histoire Naturelle éclaircie, dans une de ses parties principales, ou l'Oryctologie qui traite des Terres, des Pierres, des Minéraux, &c. Traité des Diamans & des Perles, traduit de l'Anglois, avec des figures; Histoire de la Pucelle d'Orléans, par*

IV. Partie.   Q

Edmond Richer, Docteur de Sorbonne ; Nouveau Commentaire sur l'Ordonnance Civile du mois d'Avril 1667, avec les articles du texte de l'Ordonnance qui sont commentés, par l'Auteur du Commentaire sur l'Ordonnnance Criminelle ; Voyage Pittoresque des Environs de Paris ; Traité de la Théologie Payenne, par M. de Burigny, s'il Nous plaisoit lui accorder nos Lettres de Privilége pour ce nécessaires : A CES CAUSES, voulant favorablement traiter l'Exposant, Nous lui avons permis & permettons par ces Présentes de faire imprimer lesdits Ouvrages autant de fois que bon lui semblera, & de les vendre, faire vendre & débiter par tout notre Royaume, pendant le tems de neuf années consécutives, à compter du jour de la date des Présentes ; Faisons défenses à tous Imprimeurs, Libraires & autres personnes de quelque qualité & condition qu'elles soient, d'en introduire d'impression étrangere dans aucun lieu de notre obéissance ; comme aussi d'imprimer ou faire imprimer, vendre, faire vendre, débiter ni contrefaire lesdits Ouvrages ni d'en faire aucuns extraits, sous quelque prétexte que ce puisse être, sans la permission expresse & par écrit dudit Exposant ou de ceux qui auront droit de lui, à peine de confiscation des Exemplaires contrefaits, de trois mille livres d'amende contre chacun des contrevenans ; dont un tiers à Nous, un tiers à l'Hôtel-Dieu de Paris & l'autre tiers audit Exposant ou à celui qui aura droit de lui, & de tous dépens, dommages & intérêts : A la charge que ces Présentes seront enregistrées tout au long sur le Registre de la Communauté des Imprimeurs & Libraires de

Paris, dans trois mois de la date d'icelles ; que l'impression desdits Ouvrages sera faite dans notre Royaume & non ailleurs, en bon papier & beaux caracteres, conformément à la feuille imprimée, attachée pour modele sous le contrescel des Présentes ; que l'impétrant se conformera en tout aux réglemens de la Librairie, & notamment à celui du 10 Avril 1725 ; qu'avant de l'exposer en vente, les Manuscrits ou imprimés qui auront servi de copie à l'impression desdits Ouvrages seront remis dans le même état où l'Approbation y aura été donnée ès mains de notre très-cher & féal Chevalier, Chancelier de France, le sieur DE LAMOIGNON ; & qu'il en sera ensuite remis deux Exemplaires dans notre Bibliothéque publique, un dans celle de notre Château du Louvre, & un dans celle de notre très-cher & féal Chevalier, Chancelier de France, le sieur DE LAMOIGNON ; & un dans celle de notre très-cher & féal Chevalier, Garde-des-Sceaux de France, le sieur DE MACHAULT, Commandeur de nos Ordres ; le tout à peine de nullité des Présentes : du contenu desquelles vous mandons & enjoignons de faire jouir ledit Exposant & ses ayans cause pleinement & paisiblement, sans souffrir qu'il leur soit fait aucun trouble ou empêchement. Voulons que la copie des Présentes qui sera imprimée tout au long au commencement ou à la fin desdits Ouvrages, soit tenue pour duement signifiée, & qu'aux copies collationnées par l'un de nos Amés & feaux Conseillers-Secretaires, foi soit ajoutée comme à l'Original. Commandons au premier notre Huissier ou Sergent sur ce requis, de faire pour l'exécution d'icelles tous Actes requis & nécessaires, sans demander autre permission, &

nonobstant clameur de Haro, Charte Normande & Lettres à ce contraires : CAR tel est notre plaisir. DONNÉ à Versailles le vingt-uniéme jour du mois de Janvier, l'an de grace mil sept cens cinquante-quatre, & de notre Regne le trente-neuviéme. Par le Roi en son Conseil.

SAINSON.

Registré sur le Registre treize de la Chambre Royale des Libraires & Imprimeurs de Paris, N°. 160. fol. 134. conformément aux anciens Réglemens, confirmés par celui du 28 Février 1723. A Paris le 4 Mai 1755.

HERISSANT, Adjoint.

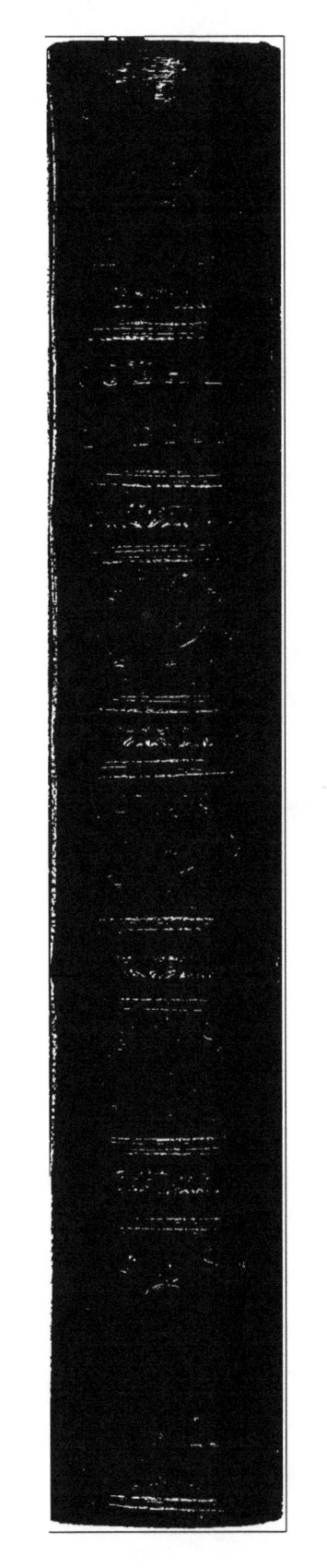

www.ingramcontent.com/pod-product-compliance
Lightning Source LLC
Chambersburg PA
CBHW050424170426
43201CB00008B/535